效率手册

③ 社交高手

EFFICIENCY MANUAL

龙梓煊 周冰冰◎著

台海出版社

图书在版编目（CIP）数据

效率手册 . 3, 社交高手 / 龙梓煊 , 周冰冰著 . ——
北京 : 台海出版社 , 2021.10
　　ISBN 978-7-5168-3161-8

　　Ⅰ . ①效… Ⅱ . ①龙… ②周… Ⅲ . ①人际关系—手
册 Ⅳ . ① C912.11-62

　　中国版本图书馆 CIP 数据核字（2021）第 201142 号

效率手册 . 3, 社交高手

著　　　者：龙梓煊　周冰冰

出 版 人：蔡　旭　　　　　　　　封面设计：仙　境
责任编辑：赵旭雯　魏　敏　高惠娟

出版发行：台海出版社
地　　址：北京市东城区景山东街 20 号　邮政编码：100009
电　　话：010-64041652（发行，邮购）
传　　真：010-84045799（总编室）
网　　址：www.taimeng.org.cn/thcbs/default.htm
E - m a i l：thcbs@126.com

经　　销：全国各地新华书店
印　　刷：旭辉印务（天津）有限公司
本书如有破损、缺页、装订错误，请与本社联系调换

开　　本：880 毫米 ×1230 毫米　　1/32
字　　数：310 千字　　　　　　　　印　　张：15
版　　次：2021 年 10 月第 1 版　　印　　次：2021 年 12 月第 1 次印刷
书　　号：ISBN 978-7-5168-3161-8

定　　价：149.80 元（全 3 册）

前　言
PREFACE

　　曾经有个人开玩笑说："如果一个人很可怜，中国每个人都愿意捐出1元钱给这个人，这个人就会拥有14亿元。"虽然这是一个笑话，但转念一想，也能从中看到一个赤裸裸的现实，那就是：你的成功，很可能不在于你个人的知识能力有多强，而在于你能连接多少人。哪怕这些人只是给你提供了一点点帮助，你拥有的，都将超过你的想象。

　　在美国好莱坞，到现在都流行着一句话："一个人能否成功，不在于你知道什么，而在于你认识谁。"纵观大部分的成功者，把成就归功于学历和能力的不多，反而可以看到其背后社交圈的重要性。正如香港商人李嘉诚先生所说："人才取之不尽，用之不竭。你对人家好，人家对你好是很自然的，世界上任何人都可以成为你的核心人物。"

　　在现实生活中，人与人之间有着非常大的差距，这和个人在社会上的人际资源关系网有着很大的关系，毕竟一个人的力量是有限的。所以想要取得成功，你就需要找到能够帮助自己的"贵人"，并且搭建一个极具竞争力的高质量的社交圈子。

本书通过丰富的案例、简单实用的方法，帮助读者发现自己身边已有的资源，掌握线上和线下打造社交高手的方法和技巧；让读者学会如何提升自己，从而吸引资源；告诉读者打造社交高手也可以很轻松，不需要焦虑，也不用委屈自己。书中所讲的种种提升自己、改善人际关系和扩展资源的方法，通俗易懂，并且随学随用。

英国伟大的作家狄更斯先生曾说："这是一个最好的时代，也是一个最坏的时代。"对于能快速建构社交关系网的你而言，这必将是一个最好的时代，也是一个能快速获取成功的时代。因为抓住了高效社交，就等于抓住了机会，拥有了与别人拉开差距的能力。

祝你能通过本书成为社交高手，拥有一个最好的时代。

目 录 |

Part ❶

通过高效社交，发现身边的资源圈

在虚拟网络上打造高效社交

在线下打造社交高手

提升自己，快速吸引有效社交

不焦虑不委屈，轻松构建高效社交

Part1

通过高效社交，发现身边的资源圈

01 | 好人缘是成事基本，要成事先结好人缘

当年导演许鞍华准备拍摄电影《投奔怒海》时，男主角本来选定的是周润发，但周润发因故不能出演，于是向制片人夏梦推荐了刘德华，他们曾经合作过一部电影。那时的刘德华还是个无名小辈，夏梦心里没底，结果林子祥和总摄像师钟志文也推荐了刘德华。

于是刘德华在《投奔怒海》里第一次出演男主角，由此开始在电影圈里崭露头角，并逐渐成为华人圈"演而优则唱"的代表人物。

在未参与这部戏的拍摄前，刘德华虽然只是一个跑龙套的演员，不过他一直非常认真地做好自己应该做的工作。他拍每部戏都很认真、很拼命，因而给与他合作的人留下了爱岗敬业的深刻印象，也凭此获得了出演《投奔怒海》的男主角的机会。

像刘德华一样埋头苦干，努力把自己的工作做好的人非常多，但是刘德华为什么可以获得比他出名的这些人的推荐呢？

很简单，因为刘德华做到了以下3点。而这3点，也是你应该学会的。

1.品德与诚信是立足之本

香港富商李嘉诚在创业之初，第一桶金就是依靠自己的诚信换来的。有一次，一位外商想从李嘉诚这里订购大批货物，但又担忧李嘉诚的供货能力，于是，提出让李嘉诚寻找有实力的厂商或者个人为他做担保。

但李嘉诚由于当时刚创业不久，没有背景也没有经济实力，实在找不到担保人。于是，李嘉诚只好将自己生产的样品拿给外商看，并且很诚实地说：

"承蒙您对公司样品的肯定，我和我的设计师的努力没有白费。我是非常希望能与您合作的，可是我又不得不坦诚地告诉您，我实在找不到担保人做担保，我已经尽力了，很抱歉。"

外商被李嘉诚的真诚所感动，便说："我这次来香港就是想寻找一位像您这样诚实可靠的长期合作伙伴。阁下的真诚和信用，就是最好的担保。"

但是李嘉诚又说："承蒙先生的信任，我不胜荣幸，但是我还是不能和您签合同，因为我的生产规模非常有限。"

李嘉诚的这句话彻底征服了外商，他认为李嘉诚非常值得信赖，更加想与其长期合作，便提议说："您真的是一位令人尊敬的可信赖的人，我可以预付货款，为您扩大生产提供资本。"

就这样，在外商的鼎力支持下，李嘉诚完成了生产规模的扩大工程，他的塑胶花很快就牢牢占领了欧洲市场，营业额及利润成倍增长。李嘉诚不仅收获了创业以来的第一桶金，还赢得了"塑胶花大王"的美称。

回看李嘉诚的成功，可以分析出非常多的原因，但是最重要的原因是：他可贵的诚信。

李嘉诚有一句名言："我绝不同意为了成功而不择手段，如果这样，即使侥幸略有所得，也必不能长久。"

人无信不立，业无信必衰，国无信则危。品德与诚信，不仅会树立一个人的形象，还会让其获得一种无形的资本。这种资本就是你的资源，有了强大的资源，才能在做事情的时候，得到强大的支持，然后步步高升。

2. 志同道合的伙伴是成功的基石

半个世纪以来，我们一步步见证了股神巴菲特的成功，但很少有人知道其成功背后，都离不开他那个志同道合的合伙人——查理·芒格。

巴菲特曾说过："我是芒格的眼睛，芒格是我的耳朵。查理·芒格在推动我寻找价格合理的好公司，而不是价格高的好公司方面，对我有相当重要的影响。"

巴菲特把芒格称为"从认识开始就是心灵伙伴"，并认为"他比我拥有更广的理解能力，他非常擅长将非常重要的理念浓缩为几个字"。

能被巴菲特如此看重的合伙人，也必将是一位有着非凡智慧的人。两个人能走到一起，不仅仅是因为两个人都很聪明，更为关键的是两人志同道合，他们有着共同的阅读爱好，喜欢从各大商业杂志上了解商业信息和学习商业经验。正因为这样，他们两人才能成为最优秀的合作伙伴。

芒格认为，知识是判断的依据。但到底是芒格丰富的知识储备量为巴菲特的判断提供了依据，还是巴菲特的需要催化了芒格对更多知识的探寻？我们无法分清，但是可知的是，对知识的共同需求，维护了他们合作的基础。

除此之外，他们两人还有一个相似之处，就是拥有坚定的意志力和敏锐的洞察力。巴菲特认为，良好的心理素质是投资活动必不可少的条件，而他对合作伙伴的要求也是如此。因此就心理成熟和抗压能力而言，芒格和巴菲特是绝佳的合作伙伴。

这个世界，没有完全相同的两片叶子，也不会有两个完全相同的人，所以每个人都有自己的想法。

但是在大是大非面前，两个人能想到一起，只有志同道合的人才可以做到。正所谓道不同不相为谋，有时候你能得到"贵人"的认可，就是因为你的想法和"贵人"的想法是一样的。所以他们才会为你提供物质或者精神上的帮助，成为你身边实实在在的"贵人"。

3. 先付出可以帮助你成就好人缘

新东方教育科技集团的创始人俞敏洪在大学期间，每天坚持打扫宿舍的卫生，并且替同学打热水、洗衣服。多年后，俞敏洪成立了新东方，他需要合作伙伴，于是他的大学同学们放弃了国外优越的待遇，选择回来帮助他。

他们当时回来的理由并非是俞敏洪给他们开了多优厚的待遇，而是："就凭你当年为我们打了那么多次开水，洗了那么多件衣服，这个忙我们也必须帮。再说你的人品我们都了解，相信你绝对不会亏待我们的。"

正是因为有了这些同学的支持，俞敏洪的新东方才能发展得如此迅速，成为同行中的佼佼者。

很多时候，你的身边有很多人，他们看起来很普通，所以你经常会忽略。但普通人也有不普通的地方，你需要学会发掘他们的优势和价值，然后学会帮助他们成功。如果你急于求成，希望自己身边的人，全部都是为自己带来成功的"贵人"，这样的想法就大错特错了。

因为你本来就是普通人，你也只生活在一个普通的圈子里，不可能突然就有好运砸中你。除非你本身就在一个高端的社交圈子中，遍地是机会。否则，先学会奉献，并善于培养个人的社交圈子，挖掘同频的社交圈子，只有这样，才能让那些你曾经做不到的事情，变成可能。

　　所以，你在一直抱怨身边没有"贵人"的时候，也要反思一下，你自己曾经是否有对身边的人奉献过什么。当你成为一个乐于奉献，乐于为他人着想的人时，在关键的时候，你才能得到"贵人"相助。

02 ｜社交圈整理术，判断你有哪些宝藏资源

美国好莱坞很流行一句话：一个人能否成功，不在于你知道什么，而在于你认识谁。

曾经有一个出版商，有一批卖不出去的书让他很头疼。后来他想到了一个好办法，把书给总统寄了一本，并且三番五次地问总统的读后感。

总统不想麻烦，就回复这位出版商说："这本书不错。"出版商非常开心，马上就广为宣传："这是一本连总统都喜欢的书。"这批书马上就被哄抢而光了。

没过多久，出版商又遇到了相同的问题，于是他故技重施，这次总统没像之前一样顺着他的心意，而给他回复说："这本书太糟糕了。"谁知道这个聪明的出版商再次大做宣传："这是一本连总统都讨厌的书。"不用说，这批书再次被一抢而空。

第三次，出版商再次给总统寄书，希望总统给些回应，但总统这次不打算再理会这个出版商了。这个出版商等了几天，发现总统

没有给自己反馈，他做了一个震惊总统的宣传："这是一本连总统都无法下判断的书。"这批书再次被哄抢而光。总统对此哭笑不得。

这位聪明的出版商的三次成功，正好印证了美国著名的人际关系学大师戴尔·卡耐基曾提出的观点："一个人的成功，只有15%是由于他的专业技术，另外的85%要依靠人际关系。"

一个竞争力强的人，比别人强的地方是他所拥有的有效资源比别人多，所以他距离成功与财富就比别人更近。而作为普通人的你，又该如何判断自己拥有多少资源呢？又怎么把你认识的人变成资源呢？

在得到答案之前，我需要你认真想想以下问题：你是如何使用你手机里的通讯录的？

手机是近代伟大的发明之一，而且它的普及率极高，基本上人手一部。可以说，你随时随地都可以通过手机存上对方的联系方式。

但是大部分的人，可能只是利用通讯录打个电话，从来没有更多的想法。但事实上，只要你妥善使用，手机通讯录对于整理人际关系是很有帮助的。

下面我就教大家，如何判断自己拥有多少宝藏资源。

1. 联系人标签整理

就和年底大扫除一样去整理你手机中的社交软件和通讯录里面的联系人——给联系人贴上合适的标签。

你有试过给你的社交平台，或者通讯录上的联系人做分类标签吗？大部分人给自己的通讯录做标签分类的时候，都是按照家人、高中同学、大学同学、公司同事、前公司同事等来标注的。

但事实上，分类这件事情，只有在呈现出"用途"时，才会有存在的价值。这个用途，指的就是你和对方之间有价值交互的作用。

小 A 是一个设计师，她的生意绝大部分来源于朋友介绍，或者是参加的某些社群活动、线下聚会。所以她的生活中经常出现很多不同的人，有些人可能就只有一面之交，再没有交集。就算小 A 想和对方深交，也往往没有什么进展。

小 A 的手机里也有很多群组，比如大学同学、朋友、义工朋友、读书会同学等。我问她："你为什么想拓展你的社交圈呢？"

她说："我想找一个可以长期合作的合伙人，同时我也想找一个可以给我投资的投资人。"

知道她的需求后，我打开了她手机的社交平台和通讯录。让她给自己的联络人增加 3 个标签：潜在的客户、潜在的合伙人、潜在的投资人。然后再让她把现在所有的联络人，按照这 3 类进行分组。

分类后，小 A 很惊喜地说："没想到，我潜在的合伙人居然有80 个。"

只是简单地根据自己的需求去建立标签群组，一个普通的通讯录，就变成了你的资源联络本。

当然，分类并不是指一味地贴标签，而是在不同时期，重新定义你们之间更合适的关系模式。你可以试想一下，一个很会寻找美食的前同事，与其把她归类在"前同事"中，不如把她归类在"美食家"的标签组中，这样是不是更有价值？

如果某天你有异地的客户来本地出差，你就可以快速在"美食家"标签组里找到你的美食顾问，搜索到本地最地道的美食和地址。这个美食顾问，不仅为你提供了便利，还帮你在客户心中留下了好印象。

增加群组这样的简单行为，会实实在在为你的人际关系带来全新的变化。同时这样的分类，也会赋予你的人际关系一个全新的定义。

以下这个表格，可以帮助你参考定制属于你的标签群组。

联系人标签群组分类（范例）

姓名	周海	冯宇真	蔡嘉嘉	……	……	……
职业	互联网公司老板	员工沟通讲师	海报设计师	……	……	……
公司	T 公司	自由职业者	B 公司	……	……	……
电话	13000888	13876666	137770087	……	……	……
微信号	937628	764293	8751937	……	……	……
如何认识	莎莎的聚会上	公司培训	海报设计兼职	……	……	……
分类	潜在投资人	潜在客户	潜在合伙人	……	……	……
备注	喜欢看电影	经常到处飞	设计风格不错	……	……	……

2. 人际关系断舍离，删除不必要的联系人

俗话说：多个朋友多条路，朋友多了好走路。但不是朋友越多就越好。

圣贤家孔子有言："益者三友，损者三友。友直，友谅，友多闻，益矣。友便辟，友善柔，友便佞，损矣。"

孔子的意思是说，和正直的、诚信的、见闻广博的人交友是有益的，和逢迎谄媚的、表面柔顺而内心奸诈的、花言巧语的人交友是有害的。

连孔子这样的圣贤之师，交友时都会有所选择，普通人就更不能来者不拒了。

在日常生活中有几种朋友是一定要避免深交的，因为这些类型的朋友，不仅不会给你带来好的发展，还会给你带来糟糕的生活体验和内耗。

（1）常年传递负能量的人，不是抱怨老板就是抱怨老公，不是抱怨孩子就是抱怨父母，在他们嘴里，从来没有听到过一句好话，永远都是各种抱怨。

（2）从来都是只顾自己，不顾他人感受，认为自己的需求凌驾于所有人之上的人。

（3）做人没有诚信，做事情容易掉链子，随时给你"挖坑"的人。

（4）话不投机，价值观完全不同，又不愿意接纳他人不同观点的人。

不要以为你倾尽所有，就能得到同等的反馈，对谁都好，其实谁都不会觉得你好。在心理学中，有一个心理概念——圣母情结，又叫圣母型人格。

具有圣母型人格的人患有某种程度的强迫症，即使别人没有提出要求，他们也会自愿做出帮助别人的事情，哪怕这件事会令自己痛苦。他们会给自己找好理由，这个理由通常是"这样做会给自己树立一个好的形象""这样做会为别人带来好处"。

通俗地说，就是无原则地对某人或某事好，而不管那个人或那件事到底值不值得自己付出。他们总是对他人有求必应，并且一旦停止这样做，就会觉得非常内疚。

心理学教授维基·赫尔格森发现，一个人如果一味付出，而忽略自身的需求，便会对自己的身心造成一定程度的危害。为此，学者们进行了研究，研究结果表明，人只有在维持自己与他人之间利益平衡的状态下，才能感受到快乐，并且对生活有明显的满足感。

所以你要学会摆脱圣母情结，最好的办法就是学会勇敢说"不"。

每个人的心灵就像一个储水池，而这个储水池储存的就是你的心灵能量。在人际关系中，这种心灵能量也是非常宝贵的资源。而总是给你带来负能量的"损友"，就会像水蛭一样，附在你的身上，把你的正面能量慢慢吸走，让你变得充满负能量。

因此你要学会分辨哪些人是水蛭一样的"损友"，哪些人是能给你补充正能量的"良友"，这样你就会知道，要将谁拉入你的黑名单了。

3.善用名片和名片整理

在世界推销大师乔·吉拉德的眼中，名片相当于一件利器，他所到之处，就会向人们递送名片，随时随地"推销"自己，这竟然成为他成功销售汽车的秘诀。

在他看来，名片就像钱包，哪天自己忘记带了，就会浑身不自在。就算是在吃饭付小费的时候，他都不忘顺带给对方附上一张自己的名片。在给人寄送信件或者明信片的时候，他也会附上一张自己的名片。

他说："我在不断地推销我自己，而没有将自己封闭起来，我要告诉我认识的每一个人，我是谁，在做什么，在卖什么，我要让所有想买车的人都知道应该和我联系。我坚信推销没有上下班，但是很多销售人员往往意识不到这一点。"

名片为乔·吉拉德累积顾客资源立下了汗马功劳，也为他赢得了空前的成功。他一生总共卖了13001辆车，其中最高单月销售记录为174辆，相当于平均每天卖出6辆汽车。这个纪录自他1978年1月宣布退休后，至今还没有人能打破。

当然，不光发名片有利于更多的人认识你，别人给你的名片也将是你开发资源的工具。管理好他人的名片，你也可以从中找到你需要的社交资源。

耶鲁大学管理学院院长乔尔·波多尔尼就曾对名片发表过自己的看法："这东西能时刻提醒你，你跟别人的联系，你是谁，你又做了些什么事情。"

一张小小的名片，背后有大大的机会。很多人认为交换名片只是一种社交习惯，对名片并不重视，最后往往因此错失了重大的机会，并后悔不已。

很多时候，做好名片的分类和整理，就等于你已经成功了一半。在对名片做整理的时候，你可以区分成"有用的""没有用的""可能以后有用的" 3 种。

（1）有用的名片包括：同行、有业务交集的伙伴。

（2）没有用的名片包括：曾经只联系过 1 ~ 2 次，就再没有联系的人，你可能现在连对方在哪里工作都搞不清楚了。如果是这样的人，那你就可以毫不犹豫地把他的名片扔进垃圾桶。

（3）可能以后有用的名片包括：暂时不联系，但说不定以后可能有交集的人的名片。

做完这些后，接下来你就要在手机里建立联系人群组。要记住，名片上的信息一项都不可以缺少，甚至可以备注你们是在哪里认识，在哪里拿到对方名片的。

人的记忆能力是有限的，人类学家罗宾·邓巴的邓巴数字理论研究显示，人类的脑力，允许一个人最多只能和 150 个人维持紧密关系。所以当你的大脑容量不足的时候，手机备注就是最好的记忆方式了。

03 | 找人办事，确定你的优质合作资源

　　小王的老板张总，是北京某著名基金会的创始人。一次，张总指定要见深圳某科技公司的首席执行官老彭。两人畅谈3小时，结果却不欢而散。小王很不解，就去问老彭是怎么回事。

　　老彭也很坦率，说："张总人很好，非常有风度而且博学多才。但是他只是在和我闲聊，而我认为时间就是金钱，效率就是生命。我大老远跑来，能谈投资就谈投资，投资时机不成熟就谈一下合作框架，好不容易过来见个面，哪有那么多时间浪费？"

　　张总也很无奈，说："我只是想认识他啊，跟他才第一次见面，建立信任需要时间啊，先成为朋友，关系逐渐加深，以后才好互相帮忙，现在怎么好谈生意呢？"

　　两个人都说得有道理，小王一时竟无言以对。

　　故事中的张总和老彭都是有实力的人，但都不是对方的优质资源。原因在于，两人不在一个频道上。

　　在我国，人际交往容易存在一种地区差异，北方年长者经常建议先谈感情，再谈正事。大抵意思是人情在，事好成。而南方商业

气息更浓厚，追求效率和结果，尤其近几十年来，南方商业发展迅速，一般来说，找人就要聊事，聊事就要有结果，没有结果就是浪费时间。

面对这样的情况，要想能快速确认你的人际关系清单中哪些人是你的优质资源，最好的办法是找人办事。

找人办事，是最快促使两人站在同一个频道上的方式。但要找人办事也需要懂技巧，以下有几个技巧是你需要知道的。

1. 找对的人办事

首先你需要明确，解决你的问题需要什么样的资源和能力，你要找的人，他一般会在什么公司或者单位就职，他的职位是否对解决这个问题有帮助。

小米想办点事，但是自己又不认识可以办这件事情的部门的人。有个同事给小米介绍了这个部门的李科长，于是小米赶紧前去拜访，沟通很顺利，李科长答应帮忙。

但是过了半个月，问题还没解决，小米催了很多次，最后李科长连小米的电话都不接了。

后来小米经过打听才知道，原来对于小米想办的这件事，这个李科长是做不了主的。

在这个故事中你要明白一个道理，求人办事，不一定每次一求就中，但是如果你明确自己的问题，然后去求人办事，最起码你会先有个心理预期，会在和对方沟通的过程中去了解清楚实际情况，对这个人是否可以办得了这件事情有一个大概的判断。

2. 从对方角度出发

从前有个老头儿和他的老太婆，住在蓝色的大海边。他们住在一所破旧的泥棚里，老头儿撒网打鱼，老太婆纺纱结线。有一天，老头儿向大海撒下渔网并捕到了一条金鱼。金鱼开口向他求饶，并许诺会给他报酬。善良朴实的老头儿并没有索要报酬而是直接放走了金鱼，回家后被得知此事的老太婆臭骂了一顿。老头儿只得按照老太婆的要求重新去找金鱼，并向它许愿要一只新的木盆。金鱼满足了他的愿望，老太婆却不肯就此罢休，又想要新的房子、豪华的宫殿……金鱼一次又一次地满足了她，可异想天开的老太婆竟然还想成为海上的女王，要金鱼成为她的奴仆。然而这一次，金鱼没有成全她的贪婪，而是摇摇尾巴游向了大海深处。最后，老头儿和老太婆连最开始那只新木盆也没有得到。

这是一则俄罗斯的寓言故事，故事中的老太婆贪得无厌，一而再再而三，不顾金鱼的立场，对金鱼提出过分的要求，最终，他们再次一无所有。就和现实一样，求人办事时，如果你丝毫不顾及对方的立场、精力等因素，那么你的事情，也一定不会办好。

所以，找人办事时，也一定要牢记这个教训。在托人办事时，一定要从对方的立场和精力、能力出发，去考虑办事的难易程度和方便性，这样才能降低失败的概率。当你能为对方考虑，对方也会为你考虑，这样才能获得真正的友谊，从而把事办好。

3.“告知”而不要“请求”

小毛是一位刚从事保险行业的业务员，一进公司，公司培训就提醒小毛，卖保险，重点不是卖，而是告知。小毛听了一头雾水，百思不得其解，就去问前辈，为什么是告知，而不是卖？

前辈告诉小毛，早些年从事卖保险的新人，总习惯先去请求身边的亲友们买一份保险。但事实上，这种请求，就变成了你需要他们去帮助，而不是你能帮助他们。

如果做到只是告知而不是请求，那么当对方真的有这样的需求时，他肯定会立即想到你，然后向你详细了解；如果对方并没有需求，那大家也不尴尬。这比直接请求对方的成功率更高，而且不损害人际关系。

听到这里，小毛恍然大悟。

使用告知，而不是请求，放到找人办事中来看，就是一种非常委婉的表达方式，更容易达到目的。在《红楼梦》中，刘姥姥就把这个方法用得淋漓尽致。

刘姥姥因家境困难，想到贾府来寻求救济。她先是见到了管家周瑞家的，但并没有直接道明来意，而是说：“原是特来瞧瞧嫂子你，二则也请请姑太太的安。若可以领我见一见更好，若不能，便借重嫂子转致意罢了。"

　　周瑞家的听了，也就大概猜到刘姥姥来的意思了。想起之前刘姥姥的女婿王狗儿对自己家相公的助力，她便领着刘姥姥二进大观园，这使得刘姥姥后来的日子越过越好。

　　话又说回来，如果一开始刘姥姥一见面就直接向周瑞家的提出救济的请求，这对于周瑞家的来说便是一件难事，因为这个家不是她做主的，而且以王熙凤和王太太的厉害，更有可能要让刘姥姥白跑一趟。但是刘姥姥高情商地表示"只是过来瞧瞧嫂子你，也给各位太太请个安"，这让周瑞家的没有多大压力，就顺理成章地帮忙了。

　　告知但不是请求，这是一种非常巧妙的手段。很多人常觉得求人办事是一件很让人难堪的事情，所以请求的话很难说出口，但使用这种方法，就可以让你避免尴尬。同样地，如果对方没办法帮忙，也不会尴尬，更不会破坏你们双方的关系。

04 ｜利用弱联系，发现潜在的资源圈子

拼多多于 2019 年 7 月 26 日在美国上市，其市值达到 1 600 亿人民币。而拼多多创始人黄峥占股 50.7%，仅用 28 个月的时间就创造了身价 800 亿的奇迹。"80 后"因创业成为亿万富翁的人越来越多，但是白手起家做到市值 1 600 亿，个人身价 800 亿的人，黄峥是第一个。

黄峥和大部分人一样出生于普通家庭，作为普通工人家庭之子，他没有家族力量可以依靠，他成功的关键原因之一在于——弱联系。

1973 年，美国社会学家马克·格兰诺维特提出了弱联系理论。他的研究表明，16% 的人的工作是由经常见面的人介绍的，55% 是由偶尔碰面的人介绍的，27% 是由几乎没见面的人介绍的。换句话来说，介绍工作的人多是弱联系的人。

所谓的"弱联系"，指的是在你的日常小圈子以外的人群。

黄峥的专业是计算机，平时喜欢在网上分享一些专业知识。2002 年，他在寝室上网时添加了一位陌生网友。这位网友向他请教了一个技术问题，黄峥帮助他解决了问题，网友非常感谢。后来，

就是这位网友改变了黄峥的整个人生。这位陌生网友名叫丁磊，是网易公司的创始人。

丁磊和黄峥就是典型的弱联系。黄峥帮助丁磊解决技术难题后，丁磊出于对黄峥的欣赏和感谢，把黄峥引荐给自己的一个朋友——"小霸王学习机"和"步步高"的创始人段永平。

段永平对黄峥而言，是弱联系转介绍的关系，更是弱联系。黄峥到美国求学时，他们才第一次见面。后来，段永平成了黄峥的人生导师，并且在当年高价买下和巴菲特共进午餐的机会后，带上了黄峥。

可以说，黄峥的成功离不开丁磊和段永平。他们原本的弱联系，已经逐渐转化成一个超强的强联系。而这一切，只是起源于最初的一个网络好友申请。

如果你不是一个亿万富翁，你又怎么可以和亿万富翁交往呢？这就得看你的弱联系能力了。

世界很小，小到让你吃惊。尤其在微信这个社交平台出现后，你会发现这个世界以及你的圈子到底有多小。很多时候，你给一条朋友圈点赞，你会发现还有其他的好友也在为这条朋友圈点赞，但之前你完全不知道他们认识。

美国心理学家米尔格兰姆曾经在《今日心理学》杂志上发表了一项研究成果：世界上任何一个陌生人之间其实只隔了 6 个人。换言之，平均只要通过 6 个人，我们便可与世上的任何一个人相联系。这就是风靡一时的人际"六度分隔理论"。

虽然这个过程实践起来不简单，但是试想一下，如果因为认识某个人就会改变你的一生，那么你还会觉得这个过程困难吗？别说通过 6 个人去认识，就是通过 16 个人、60 个人，你大概也会愿意尝试的。

15 年前，我有一个朋友的妹妹很喜欢张学友，但她的家境非常一般，别说去香港听张学友的演唱会了，早年连张学友的 CD 她都没有钱买，只能拿着一台二手录音机把电台播的张学友的歌录下来，不断循环播放。

她不认识娱乐圈的人，身边认识的人也帮不上忙，但是她有一个非常强烈的愿望，希望可以拿到一张张学友的亲笔签名照。

由于她的愿望是如此强烈，她的姐姐和我讲了她的这个愿望。非常巧的是，我认识一个张学友的粉丝，他是张学友广东歌友会的会员。于是通过他，我们联系上了歌友会的会长，并且经过歌友会的会长，联系上了张学友本人。最后，这个妹妹不仅得到了张学友的亲笔签名照，还拿到了一张正版《雪狼湖》签名 CD 和一张祝福卡片。

当时朋友的妹妹做梦都没有想到，自己的愿望能实现。她觉得自己原本和张学友遥不可及的距离，如今变得触手可及。

这是真实发生在我们身边的故事，我相信这世界上无时无刻不在发生着这样的弱联系改变人生的故事。那么我们如何扩大自己的弱联系呢？可以做以下 3 件事。

1. 善用你的三度关系网

世界顶级人际关系资源专家哈维·麦凯当年拿到大学毕业证后，找不到工作，后来是父亲为他带来了一个工作的机会，也是这份工作成就了哈维后来的事业。

哈维的父亲原本是一位记者，有一次为一位因税务问题被冤枉入狱的某知名办公家具制造公司的董事长写了一些公正的报道，这使得这位董事长非常感恩哈维的父亲。所以当董事长知道哈维大学毕业却没有找到工作的时候，他就主动给哈维的父亲建议，希望哈维到他的公司来工作。哈维后来也成了一家知名办公家具制造企业的老板，他每每回忆起当年的事情时都会感慨地说："如果没有当年那位董事长的重用，恐怕我也不会有今天。"

哈维·麦凯的故事给了我们一个重要的提醒：三度关系不容小觑。

三度关系是指，你——认识你和认识对方的人——对方，就像故事中的哈维——哈维的父亲——董事长。这个三度关系中的中间人，也有可能是两个人。

人的一生，每天都在和不同的人打交道，不要轻视你身边任何一个人，因为你所认识的任何一个人，都有可能成为你生命中的"贵人"，成为你事业上重要的助推力。就像穿着囚犯服的董事长，便是哈维生命中至关重要的"贵人"。

2.有目的地多参加一些培训课程

李先生是深圳一家大型健康减肥训练基地的老板。他听说某总裁培训班下个月将在上海开课，马上让助理给自己报了名。经过多次面试和确认，李先生终于拿到了听课证。

助理很好奇，问老板为什么那么重视这个总裁培训班。李先生解释，他参加总裁培训班并不是为了要当总裁，而是为总裁培训班中的同学去的。他的主要目的就是认识更多的人，得到更多的机会，为自己以后在其他城市开连锁店积累资源。

李先生的确非常有远见，只是短短几天的课程，他就已经为公司找到了两位可以合作的合作商，并建立了战略合作伙伴关系。

社会上各式各样的培训非常多，参与和自己工作有关的培训课程，不仅可以帮助自己打开思维，开阔眼界，还可以让自己和李先生一样，拓展人际关系资源圈。

有些人也会认为：参加这些培训班是浪费钱。但事实上，现在花钱是为了将来可以少花钱或者不花钱。参加培训班，你可以花最少的时间学习到最有价值的知识，还可以交朋友，找到自己的"贵人"，这样的钱花得很值得。

但是，这并不是要你随便报名培训课，一定要有所选择，只有这样，你才能结交到对你来说有重要作用的朋友，成功扩充你的有效资源。

3. 多结识交友广泛的朋友

卢卡在美国纽约一家公司里做了 5 年的初级会计工作。因为卢卡的业务能力非常好，所以公司上下和客户都对他非常认可。但对于卢卡本身而言，他希望自己能获得更好的发展，希望能到大的公司继续提升自己的业务能力，所以他开始对外投简历，也和一些职业介绍所联系，但很久都没有得到让他满意的回复。

于是卢卡决定通过自己身边的朋友关系网来办这件事。他把自己的朋友做了一个分类，在其中列出了他认为可以帮到自己的人。最终卢卡确定了一个目标人选：表妹的朋友南希。

南希是一位很喜欢参加和举办各种聚会的女生，因此她认识非常多的人。卢卡致电南希，向她表达了自己的需求，并请她帮助自己。

不久后，通过南希的介绍，卢比认识了在纽约律师圈子很有影响力的卡尔尼先生。之后通过卡尔尼先生的介绍，卢卡又认识了纽约一家非常知名的职业介绍所的总经理。通过这位总经理，卢卡最终获得了一份满意的工作。

可见，多认识和结交交友广泛的朋友，并且与其建立良好的关系，在生活中就可能获得更多新机遇，成功的概率也会更大。

每个人的发展，无论是职位的升迁还是工作的开展，其实都得益于你各方面的社会关系。

做三件事扩大自己的弱联系

善用你的三度关系网

有目的地参加培训课程

善结识交友广泛的朋友

05 | 小人是关系中的"癌细胞"

齐国有个叫夷射的中大夫，在齐王那里侍酒，喝得酩酊大醉后出来，倚靠在廊门上。一位受过刑的守门人请求说："您能赏给我一点吃剩下的酒吗？"夷射斥骂道："滚！受过刑的人竟敢向尊长要酒喝！"守门人慌忙退下。

等到夷射离开后，守门人就把水泼在廊门的檐沟下，像尿湿的样子。第二天，齐王出来看见了，怒责道："谁在这儿撒尿了？"守门人回答说："我没看见。只见昨天中大夫夷射在这儿站过。"齐王因而以大不敬之罪赐死了夷射。

夷射到死都不知道是守门人这个小人陷害他的。

夷射的故事很小，但是道理却有三。

（1）小人可能会出现在你意想不到的地方，要学会尊重他人，不要小瞧任何人。

（2）要学会从不同角度去看同一个问题，不要人云亦云，以偏概全。

（3）心存善念，能屈能伸，方能结善果、结人缘。

在生活中，不是每个小人都会明目张胆地害你的。当你是一个成功者，就会有很多的人在明面上赞赏你，甚至想从你这里获益。

很多人在现实生活中，会莫名觉得自己特别容易招惹是非，招惹小人。这其实是因为你在人际交往中，缺乏一些合适的处事技巧。要避免关系中出现小人，最重要的是不要出现"以其人之道，还治其人之身"的情况，得饶人处且饶人。

但当大部分的人都在耐心地遵循伦理道德，走在光明正大的成功路上时，难免有不少小人在寻找更快的致富门路。他们宁愿牺牲道德和诚信，用破坏他人名誉，甚至是毁灭他人的方式去实现自己的目标。比如在职场上，你会发现有些人在背后歪曲事实，损害你的利益。

小人阴险，那你要如何识别小人，避免遭人暗算呢？认准以下几种小人，或许能够帮到你。

1. "马屁精"——给人戴高帽子，却暗藏杀机

这种小人经常可以在领导面前见到，他们面对领导，嘴像抹了蜜糖一样，睁着眼睛说瞎话。他们非常懂别人的心思，做每一件事，说每一句话，都会投其所好，让人服服帖帖。

心理学研究发现，"拍马屁"是一种讨好策略。这种讨好策略是"马屁精"惯用的伎俩，他们喜欢拍马屁讨好对方，或打别人的小报告，以赢得对方对他们的良好印象或信任，获取更大的利益和精神

满足。

心理学家 E. 琼斯认为，这种策略是在个人品质的吸引力方面，试图非法影响某一具体他人的一种战略行为。

部分"马屁精"的拍马屁行为，是受成长环境影响产生的。这种类型的人，在婴幼儿时期和童年时期，严重缺乏父爱和母爱，所以缺乏心理安全感，在成年后，就会形成一种叫替代性补偿的行为模式。这种行为模式的具体表现为：会把权威（领导）当成早年父母的化身，用讨好的方式去寻找早年缺失的父爱和母爱。拍马屁后，对方的满意会让他们感受到被关注、被重视和被肯定，从而获得心理上的安全感和满足感。

当明白了"马屁精"的心理成因，你就可以冷静地看待他们的行为，并处理好你们之间的关系了。

2. "狗仔队"——窥视别人隐私，到处散播谣言

"狗仔队"这个名词是早年从港台地区传过来的，多指无良的娱乐八卦周刊记者。他们想方设法拍到各种涉及别人隐私的照片，又或者故意拍摄一些让人产生误会的照片，并进行大幅度渲染，以获得报刊大卖和升职的机会。

社会就是一个大林子，林子大了，什么人都会有，"狗仔队"就是你身边常见的一种小人类型。比如你身边总是说别人各种丑闻的人，他们不管消息来源是否可靠，也不管别人爱不爱听，只认为自

己讲的就是权威的、真实的，哪怕只是捕风捉影的事，都能被他们传得有声有色。

这种人，就是谣言的起源。他们总喜欢制造和传播谣言，表面上是活跃了大家的气氛，实际上却是制造各种矛盾的根源。要尽量警惕这个类型的小人，因为稍有不慎，他们就会让你身败名裂。

3. "笑面虎"——口蜜腹剑，善用小聪明

《三十六计》中有一计叫"笑里藏刀"：信而安之，阴以图之；备而后动，勿使有变。刚中柔外也。说的是：表面上要做得使敌人深信不疑，从而对我方不加戒备；我方则暗中策划，另有图谋，做好充分准备，伺机而动，不要使敌方有所察觉而引发意外的变故。这就是外表上柔和，骨子里却刚强的谋略。

这招"笑里藏刀"，用在军事上是一个好招儿，但是用在人际关系上，就是一个阴险的"笑面虎"了。

一般"笑面虎"都是表里不一、两面三刀的小人。他们总是习惯隐藏自己的目的，观风察势，伺机而动。《红楼梦》中的王熙凤，就是一个很好的例子。

贾琏瞒着王熙凤在外置了一个外室尤二姐，王熙凤知道后，趁贾琏不在家时，把尤二姐骗到了自己眼皮子底下。她表面宽容大度，暗地里却使尽各种手段摧残尤二姐的身体和心理，将她一步步逼上绝路。而单纯的尤二姐，到死都没有识破王熙凤的诡计，对她的诚

意从来没有怀疑过。就连贾府的主子们也被蒙骗，觉得王熙凤在处理这件事上很是贤惠。王熙凤可谓将笑里藏刀发挥得淋漓尽致。

社会上最难防的小人就是"笑面虎"，因为他的诡计总是会包裹着蜜糖，打着为你好的旗号递给你。若你看不清他的真面目，那么当你被他害了后，可能还会把他当善人来看待。

社会上的竞争无处不在，大家都是靠自己的本事吃饭，有才能的人才能从竞争中脱颖而出。可偏偏这种伪君子，知道自己通过正面竞争没有胜利的把握，就会动些歪点子。表面上他会对你百分百地赞同，私底下却在领导或者别人面前倒打你一耙，让你踩了他的陷阱，还要念念不忘他对你的好。

4. "墙头草"——生活中的"变色龙"，见利忘义

"墙头草"最大的特点就是见风使舵，为了自己的利益，不择手段也要达到目的。这种"墙头草"无法真心对待朋友，因为他们何时变心，完全是根据现实的利益需要，就和变色龙一样，让你猜不透，更无法防范。

1898 年，以康有为、梁启超为首的维新派，掀起了轰轰烈烈的维新变法运动。这个活动得到了光绪帝的支持。但是光绪帝是没有实权的，实权掌握在慈禧太后的手中。

在光绪帝和维新派感到焦头烂额之际，袁世凯被康有为举荐给了光绪帝。光绪帝为了拉拢军队力量，还给袁世凯封了一个侍郎的

官职。康有为等维新派均认为，要解救皇帝，保住皇帝的皇位，必须要杀死慈禧太后的得力助手荣禄。因此，维新派的谭嗣同夜访袁世凯，提出希望袁世凯解决掉荣禄一事。

袁世凯是一个诡计多端且善于见风使舵的人。他虽然表示忠于光绪帝，但知道实权还是在慈禧及她的心腹手中，于是暗中又和慈禧的心腹往来。后来袁世凯向荣禄告密，荣禄大惊，连忙进京向慈禧汇报。慈禧听了大怒，把光绪帝带到流台软禁了起来，并且下令废除变法，逮捕变法人士及官员。

就这样，戊戌变法宣告失败，七君子命丧北京菜市口。

要警惕善变之人，就要观察他是不是说一套、做一套，是不是挂着羊头卖狗肉。当然，有的时候我们难免落入他人的圈套，但在一个人身上吃过一次亏后，你就需要学会对这个人说"不"。正如老一辈常会提醒小辈，掉一次坑，是你大意了，如果掉在同一个坑里两次，那就是你愚蠢了。吃一堑就要长一智。

小人就像是关系中的"癌细胞"，在生活和职场中，你要学会避免给自己招来小人。那么，我们该如何做，才能更好地避开小人呢？

（1）宽容不揭短

没有特殊情况时，一般要尽量避免触及对方忌讳的地方，避免使对方当众出丑。

要宽容待人，当被人冒犯时，要指出对方的错误，让其知错，但不能用侮辱的方式，使对方难堪。如果别人好意提醒我们的错处，应真诚致谢，不要为了维护自己的尊严而巧言强词地辩解，甚至误解别人的善意和诚意。

（2）有分寸不刻薄

每个人都会犯错，比如口误，记错了别人的基本信息，礼节失当等。当你发现别人的错处时，你不能对他进行包庇，但也不要对此大肆宣扬，故意搞得人人皆知，使本来已被忽视了的小过失，一下子变得显眼起来。更不要抱着讥讽的态度，以为"这回可抓住你的把柄啦"，来个小题大做，拿对方的失误在众人面前取乐。

因为这样不仅会使对方难堪，伤害其自尊心，惹其反感或报复，而且不利于自己的社交形象，容易使他人在今后的交往中对你产生戒心，敬而远之。

（3）要留有余地

面对手下败将，不要过度打击，虽然说商场如战场，但是做人留一线，日后好相见。

失败的滋味大家都尝过，都知道不好受，失败时还被持续打击更是痛苦。己所不欲，勿施于人，在竞争胜利时给对手留点余地，不仅能显示你的人格魅力，也是为将来可能同样面临失败的自己留下余地。

（4）学会给人台阶

不但要尽量避免因自己的原因导致别人下不了台，还要学会在对方不好下台的时候，巧妙、及时地为别人提供一个台阶。

1953年，周恩来总理率中国政府代表团慰问驻旅大的苏联官员。在我方举行的招待宴会上，一名前苏军中尉在翻译总理的讲话时，译错了一个地方，我方代表团的一位同志当场做了纠正。这使总理感到很意外，也使在场的苏联驻军司令大为恼火，因为部下在这种场合发生失误使司令丢了面子。他马上走过去，要撕下中尉的肩章和领章，宴会厅里的气氛顿时非常紧张。

这时，周总理及时地为对方提供了一个"台阶"，他温和地说："两国语言要做到恰到好处地翻译是很不容易的，也可能是我讲得不够清楚。"并慢慢重述了被译错的那段话，让翻译仔细听清，并等苏军中尉准确地翻译出来，从而缓解了紧张的气氛。

总理在讲完话后向前苏军将领、英雄模范敬酒时，还特意同那位中尉单独干杯。苏联驻军司令和其他将领看到这一景象后，干杯时眼里都含着热泪，那位中尉也被感动得举着酒杯久久不放。

周总理的这一举措，无疑是很好地缓和了一场冲突，并且也体现了他个人的超高情商，以及作为一国总理的大气和魅力。

Part2

在虚拟网络上打造高效社交

06 | 如何利用网络获取更多资源

没有谁能像一座孤岛，在大海里独踞，每个人都像一块小小的泥土，连接成整个陆地。

——约翰·邓恩（17 世纪英国玄学派诗人）

从 1994 年第一个互联网 BBS 论坛出现，中国开始迈入互联网社交时代；到 2008 年开心网偷菜游戏风靡，标志着游戏社交正式进入我们的生活；再到 2015 年《王者荣耀》上线，重建游戏社交的巅峰时期。互联网不断推陈出新的社交方式，将社交从线下推向了线上，让人与人之间的关系连接进入了一个超链接的时代。

超链接原先是网络的核心概念。互联网发明人蒂姆·伯纳斯·李在早期提出了网站的三大支柱：URL、HTTP、HTML。最早期的互联网是很难从一个文档跳到另外一个文档的，但是超链接改变了这一切。超链接可以将任何文本与 URL 相关联，而用户只要激活链接就可以快速到达想要去的目标文档。

今天书中提到的超链接是指人们在生活中频繁使用手机、笔记本电脑等众多智能化设备，并且与它们片刻不离的状态。这个状态引发了4种人际关系资源连接的可能性。

（1）巨大性：可交往的人数剧增。

（2）集体性：可共享的讯息和集体合作的范围更广。

（3）专业性：人际关系建立的特殊性更为突出。

（4）虚拟性：人们可以以虚拟身份展示自己的能力。

在这样的高速社交网络平台上，衡量一个人的价值标准，已经不再只是单纯看这个人拥有什么样的资源和能力，更重要的是看这个人能拥有多强大的连接资源的能力。

而要实现连接资源，必不可缺以下3种能力。

1. 构建好关系的能力

在影视传媒还没有发展得那么成熟的时候，一个产品要被大众所知，靠的是口口相传，也就是口碑推荐。而这个口碑就是现实中的人际关系网络。你的人际关系网越大，你能连接的人就越多，也证明你的连接能力越强。而连接能力越强，你接触到新的资源和信息的方式就越多，机会也就越多。

美国职场人际关系专家朱迪·罗宾奈特曾提出一个个人关系网络模型：5+50+100。这些数字的意思是，你要拥有5个顶级关系人，50个关键关系人和100个重要关系人。

简单来说，就是重新梳理你的社会关系，建立强联系人际关系圈，然后对它进行有效管理。具体分为以下 3 步。

（1）联系人分类

按重要性和亲近程度对你通讯录里的联系人进行分类。从 1 到 5，1 代表最亲近，5 代表只是偶然相识。

通过这个方式，区分出你的 5 个顶级关系人，50 个关键联系人和 100 个重要关系人。

（2）判断对方为你带来的价值为多少

思考和整理：这顶级关系 5 人、关键关系 50 人、重要关系 100 人，曾经有给你输入过哪些价值？

其中重要关系的 100 人，你们有多久没有联系了？你们沟通的频率是否有所调整？

（3）确定你为对方输出的价值为多少

思考和整理：在你的"5+50+100"强联系社交圈中，你曾经为他们提供过哪些价值？你以后可以做些什么让关系增值？

朱迪·罗宾奈特强调，想要连接有价值的资源，首先要能够创造价值。对每个人而言，你能提供的最大价值，就是运用自己的能力，帮助别人获得他们所需要的资源。这时，你也会从他们那里获取更多资源和机会，实现双赢互惠。

2. 大度兼容的能力

寄居蟹和海葵是一对好朋友，寄居蟹一旦找到自己的房子，就会到处寻找合适的海葵朋友，然后把海葵放在自己的螺壳门口。海葵是一个非常尽心尽责的看门者，每当它感到危险靠近的时候，就会展开它像葵花一样的触手，把敌人吓跑。而寄居蟹捕捉到食物的时候，也都不忘给海葵分一些。这两个好朋友，相处得非常愉快。

这说明，即使不同类，两种生物也可以友好相处。人际交往也是一样，你的圈子里，要有和你相似的人，也要有和你不同的人。中国有一个成语叫"大度兼容"，出自宋·朱嘉《宋名臣言行录·吕蒙正》卷一六："吕蒙正曰：'水至清则无鱼，人至察则无徒。小人情伪，在君子岂不知之；若以大度兼容，则万事兼得。'"

这段话的意思很简单。水太清的话，鱼就无法生存，做人如果对小事也要追究到底，就不会有朋友。小人虚情假意的作风，君子看在眼里，哪会不知情，如果能大度兼容，则什么事情都可得。

想要让他人为自己的发展提供助力，就要先有容人的雅量。一个人要成就一番大事业，就必须要有度量和气度。

3. 未雨绸缪的能力

世界排名第一，公司年营业额超过 7 000 万美元的人际关系大师哈维·麦凯就曾对人际交往提出过一个观点："有一天我可能会口渴，那时候我会需要一口井来打水喝，但是为了我口渴时立即就有水喝，现在我就要开始动手挖井。"

所以不要等到渴的时候再去挖井，因为可能那个时候你等不到挖好井就已经渴死了。这个道理很简单，其实大家都懂，但是真正有意识去做和能做到的人，真的不多。

有很多人在结交朋友的时候，只会盯着比自己能力强，或者比自己本事大的人去结交，认为这样的朋友可以帮到自己。

但事实上，"三十年河东，三十年河西"，今天你认识的他，可能是寂寂无闻的，但是或许明天他就会身价百倍。相反，现在你不断去努力结交的有钱朋友，也会有低谷时期。

求人办事也是一样，如果你总是在有求于人时才会去联系朋友，平时完全没有交集，这样久而久之，你就会没有朋友了。

一般来说，临时抱佛脚的人，往往都难以得到好结果，即便侥幸走了大运，也只是一时的运气，无法长久。懂得在口渴之前先挖一口井，拥有未雨绸缪的能力的人，才会越走越顺，越走越成功，他的人际关系资源网才会在不断变化中维持不变。

4. 不设限的能力

在信息高度膨胀的当下，每个人都在被各种信息轰炸。好的产品、优秀的个体，都受困于"酒香也怕巷子深"。但要去向别人展示自己，"销售"自己，大部分人都表示自己会对此感到恐惧。"我觉得我不够好，我怕说错话""一来不知道说什么好，二来我怕陷入'尬聊'，所以干脆就不参加社交了"。

在网络搜索引擎上搜索"社交恐惧"，出来的信息会多到翻页都翻不过来。很多人都会因为不同的原因对社交感到恐惧。

比如，有的人是因为性格内向；有的人是因为曾经在社交中遭遇过窘境；有的人是不自信；有的人是对社交有太多的想象和假设；有的人是不知道说什么；还有的人是不擅长且不喜欢和陌生人打交道……反正恐惧的原因千奇百怪。

但交朋友，第一步是要能让别人认识我们，这就是一个"销售"自己的过程。如果你因为恐惧而却步不前，那你就无法进一步和别人产生连接。因此克服恐惧，变得自信，是我们首先要做的事情。

要克服恐惧，变得自信，首先你需要对自己有一个清晰的自我认知，摆脱限制性信念。

尼克·胡哲说："人生最可悲的并非失去四肢，而是没有生存希望及目标！人们经常埋怨自己什么也做不来，但如果我们只记挂着想拥有或欠缺的东西，而不去珍惜所拥有的，那根本改变不了问题！真正改变命运的，并不是我们的机遇，而是我们的态度。"

尼克·胡哲是一个一出生就没手没脚的海豹肢症患者，曾3次自杀，而今却娶妻生子，在全世界演讲2000场，写了5本书，激励着千万人拾起生活的勇气，得到无数次爱的拥抱，同时尽情享受着游泳、跳水、潜水、冲浪、高尔夫、钓鱼等活动带来的乐趣。

为什么一个身体残缺的人能如此精彩地"销售"他自己？因为

他的人生就像他的书名《永不止步》一样，从未"设限"，而拯救他人生的，便是梦想。

从这个没有四肢最后却名利双收的男人的故事中，我们可以知道，只要你不对自己设限，你便会拥有很多的可能性，你也可以获得成功。

07 ｜注重线上社交礼仪，获得他人的好感

以前要和一个人联络，主要靠打电话，或者会面，或者使用邮件。随着社交软件的不断推出，现在联系一个人最常用的方式是添加对方的微信好友。

C是一位专栏作家，经常有很多人通过她发文章的平台加她的微信。出于礼貌，一般看到别人对她发出好友邀请，只要对方的头像看起来是个正常人，C都会通过这个好友申请。

但是不是通过好友申请后，这些人就真的变成了C的好友或者资源了呢？

并不会。因为这些和C加了好友的人，并没有找到和C的连接点。加了C之后，这些人也再没有任何消息，连个问候都没有。这样有什么意义呢？即便你有上千个微信好友，这些联系人也根本不能成为你真正的资源。

所以，如果不想让对方成为你的"僵尸联系人"，那你一定要在加对方为好友后，做出以下3个重要的步骤。

1. 编辑一段让人印象深刻的开场白

这个开场白，一定要是与对方有关的。我给大家一个开场白公式：好的开场白 = 原因 + 价值 + 福利。

原因：你因为什么想要加对方，或者你们曾经在哪里见过，当时对方让你印象深刻的一个地方是什么（可以是一段发言，可以是对方的着装，又或者是对方的笑容、气质、行为、待人接物的方式等）。

比如：C 老师您好，我在某网站上看到了您的文章，其中关于您对 ×× 的看法，让我印象深刻，所以我很希望能和您联系，并能得到您更多的指点。

或者：C 老师您好，我是经过 ×× 推荐认识您的，我想向您请教一个关于 ×× 的问题，不知道您是否可以帮助我，非常感谢。

也可以是：C 老师您好，我们昨天在 ×× 见过，昨天见到您后，发现您好温柔，很希望可以和您多学习，希望未来可以得到您更多的指导。

这样的开场白，简短几句话就可以马上和对方建立连接，让对方愿意和你有更多的联系。

价值：这部分是关于自我介绍的部分。你需要在短短一两句话中，展示你自己的价值。

比如若你是个学生（在校生或者有在学习某些课程的成年人），你可以直接这样表达自己："我是一位学生，因为很喜欢您文章中的观点，觉得对我本人帮助非常大，所以我也会经常给我的同学或者好友们推荐您的文章。"

如果你是一位社会人士。你可以这样表达自己："我是一位××从业者，我身边有非常多和我一样对这个问题有困扰的朋友，所以很希望和您联系后，能向他们推荐您，以帮助他们走出困扰。"

又或者你的职业与对方是有关系的。你可以这样表达自己："我目前在××平台从业，我们平台对于像您这样的导师，是非常认同并且希望能有更多深度交流的，也希望您能有时间和我们做更多的沟通。"

福利：要让对方成为你的资源，你必须先要给予对方他所需要的东西。比如一份小福利，这是直接就可以给到对方的东西。

比如给对方发一种与自己专业或者对方有关的东西。假如你是做海报设计的，你可以为对方提供一次免费的海报设计。如果你没有什么特别的专长，也可以给对方发一个小小的红包，以表示开心。

我经常告诉我的学生，在与人建立连接的时候，可以用上述公式。有两个学生在使用完这个公式后，给了我两个非常有价值的反馈。

其中一个学生，她本身是做手绘插图的，让我印象深刻的是，她在加了一位很厉害的老师的微信后，问是否可以为这位老师提供一次课程海报设计。

这个老师非常惊喜，并且马上记住了她。因为这个老师有很多同行，随后这个老师便给我的学生推荐了很多有制作海报需求的朋友。

　　另外，还有一个让我印象深刻的学生，她加了一位在一个社群很活跃的伙伴之后，给对方发了一个小红包。对方收了之后，居然和她说，如果是私下发红包，就不要发那么小的红包。

　　她感到非常生气和委屈，后来我问她是怎么回应这个人的。学生说："我就当这个人跟我开玩笑，并且因为他的确之前在群内给了我一些帮助，我就再给他发了一个大一些的红包，等于'打赏'给这个人了。然后他也收了。"

　　我问她："你当时的感受如何？"

　　她说："我觉得这个人不是一个值得结交的人，并且如果我有资源，我也不会介绍给他。如果不是我觉得没必要，我都想拉黑他。"

　　这个学生遇到的事情，我相信在我们身边，也一定会遇到，毕竟社会大了，什么人都会有。但是，如果几块钱就能看清楚一个人是否值得结交，这笔交易便非常值。

　　换个角度来看，如果是你，对方给你发了一个小红包，如果你觉得小，也请你一定要克制自己的贪欲。因为你并不知道，这个钱，对于对方而言，是多还是少。

　　如果你帮助了对方，或者你在和对方刚建立连接时，对方给你发了红包，你觉得收红包其实没必要，那你可以选择不收，并且告诉对方，心意领了，非常开心对方能给你发红包，你感到非常惊喜。

　　这样的回应，不仅显得你很大气，也会让人对你有非常好的印象。

2. 称呼不要太随意

有一次，一位没有聊过天的好友看到我朋友圈里的一则课程招募讯息，就马上在下面留言：亲，这个课程我怎么报名？

我没理会这条回信。一天后，她给我私发信息：亲，你朋友圈的那个课程怎么报名？

我默默看着这条信息，回了一句：抱歉，我让我的助理加你，她会给你详细解答，请稍等我一下。

当与他人沟通，尤其是你第一次与这个人沟通时，不要那么"粗线条"。你不熟的人，不要随意使用"亲"这样的称呼，因为这样只会让人感觉你非常不礼貌，并不会显示你们之间有多么亲近。

大部分人无法接受这种自来熟的沟通方式，因为对于大部分人而言，人际交往需要有一个合适的边界。通常对于不熟悉的人，大部分人一般比较克制和客气，这是一种尊重，也是一种交往的礼仪。越是在网络上，我们越是需要学会谨慎和克制。

还有一种人，和别人讲了几句话，就会冒一句：有句话不知道该不该讲。

这是一种非常不聪明的做法，如果你真的觉得不认同对方的观点，你可以直截了当地告诉对方，比如：C 老师，刚才您讲的这个部分，我非常赞成，只是在其中，有一个地方我略有一点不一样的想法，可能我的想法并不成熟，但是我很希望可以和您分享。

但你如果先来了一句：我有些话不知道该不该讲。结果表达的全是一些挑刺儿的话，或者是和别人意见完全相左的内容，那可能原本对方对你的好印象是 8 分，也会一下子减到 1 分。

所以，如果你不知道有些话该不该讲，那就请你不要讲，因为你后面将要讲出来的话，也不会让对方接受你或者喜欢你。如果你想表达自己的想法和观点，请你先赞同对方你觉得说得不错的地方，然后提出你自己的感受和想法。这样才能更好帮助你与他人建立连接和交流。

3. 关注对方的朋友圈

我经常会在我的朋友圈里发很多与我的工作相关的内容，比如一些一对一心理分析后，我的一些观察和感悟；学完专业课程后，我的一些随手笔记；一些我自己写的文章或者一些和学生互动后的总结。

有一天，一个刚加我好友的"新人"，加了我之后，并没有立即和我打招呼，但是半小时后，她突然给我发了一条信息："老师，我刚刚去看了您的朋友圈，我觉得收获很多，尤其我对您讲到的关于职场沟通上一些雷区的小知识特别感兴趣，我自己也曾经遇到过这样的问题，很开心能联系上您，并且围观您的朋友圈。希望未来老师能给我更多的指点。"

收到这条信息后，我非常惊讶，同时也对这个"新人"印象深刻，后续再有一些和职场相关的内容及分享，我都会"@她"，让她也能及时收到。

　　要记住，每个人都是一个独立的品牌，无论你是刚入职场还是久经职场，这些都是你的个人品牌的标签。而且每个人的朋友圈都是在营造自己的个人人设，也就是个人品牌。如果你能对对方打造出来的人设感兴趣，并且对此加以肯定，我相信你在对方的心中，一定会加分不少。

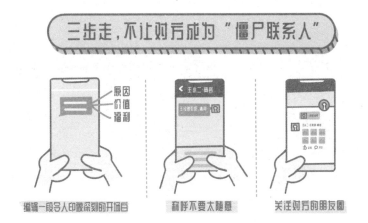

三步走，不让对方成为"僵尸联系人"

编辑一段令人印象深刻的开场白　　　称呼不要太随意　　　关注对方的朋友圈

08 | 适当幽默，线上社交更轻松

线下社交有一个好处，除了交流，你还会通过面部表情、肢体动作、社交细节、穿着打扮等去判断一个人是否值得你结交。但在线上进行社交，你除了可以看到对方的头像照片外，要判断这个人是否值得结交，唯一的标准就是这个人的说话方式是否让人舒服。幽默，就是一种快速让别人喜欢你的沟通方式。

一个好久没联系的朋友突然发来微信："在吗？"如果你只是简单回复"在"，可能对话就要这样平淡地进行下去了。但是如果你回复："你先说什么事，我再决定在不在。"这样风趣幽默的回答更能活跃氛围，更可能收获一次愉悦的聊天过程。

幽默，是最快拉近人与人之间关系的方式，也是最快让人喜欢上你的方式。有句话说得好，当你喜欢一个人，你就会愿意帮助这个人，哪怕没有回报，你也不会介意。所以你需要知道几个可以让你变得幽默、有趣的小技巧，让你在线上社交，结识他人的时候，快速让他人喜欢你。

1. 铺垫＋包袱，幽默也可以有说服力

有一个病人因牙疼去看牙医，牙医检查后说："你的这颗牙已经被蛀坏了，无法根治，需要整颗拔掉。"

病人问医生："拔一颗牙需要多少钱？"

医生说："500元。"

病人大吃一惊，说："什么？你拔一颗牙才几分钟，就收我500元？"

牙医笑了笑说："如果你觉得几分钟太快，需要慢慢来也是可以的，我可以慢慢地帮你拔，拔到你满意为止。"

无论在哪个国家，幽默语言的基本结构都是大致相同的，就是铺垫＋"包袱"。铺垫一般指的是极为普通和真实发生的事，而"包袱"就是让人发笑的部分。

医生幽默的回应，既维护了自己的专业形象，也缓解了医患关系，一举两得。

2. 反转一下，错位展现让人忍俊不禁

小刚今天和小伙伴在聊自己的爸爸，小刚说："别人都说外国的孩子都是被夸着长大的，中国的孩子都是被骂着长大的。但我爸从小到大都一直在夸我。就像昨天，他还在夸我：'你真行！全班45个同学，你能考44名，你真的行！'"

大家习惯的思维方式都是按照逻辑顺序，或者时间顺序来正向思考的，所以当出现和正向思维不一样的，让人意外的内容时，大家就会忍不住发笑。

3. 双关语也能很幽默

公交车一下急刹车，就听到一个女士的斥骂："德行！"原来急刹车的时候，一个男士不小心撞了她一下。

只见那个男人微微一笑说："这不是德行，这是惯性。"周围的人都忍不住笑了，女士也有一些不好意思，忍不住笑了。

在这种情景下，男士并没有对女士的斥骂做正面的回应，而是用幽默化解，不仅没有引发冲突，还巧妙展示了自己的智慧和大度。

4. 对比＋自嘲，让观点更生动

俞敏洪经常被媒体"吐槽"长得其貌不扬。在同济大学做分享的时候，他说道："如果说一个人的相貌和成功有关，那就不会有马云和阿里巴巴，因为如果在座的同学认为马云长得好看，那一定是审美出了问题。

"当然，这并不意味着相貌好看的人就做不成事情，比如说，另外一位大家比较熟悉的百度老总李彦宏。李彦宏就长得非常英俊潇洒，他所有的照片看上去都像电影明星一样，但是他也取得了成功。

"所以不管相貌如何，都能取得成功，只不过李彦宏和马云在一起吃饭的时候，他们通常不太愿意坐在相邻的椅子上，因为两个人的对比已经到了惨不忍睹的地步，解决的方法就是把我放到他们两个中间，起到一个过渡的作用。"

俞敏洪幽默地调侃了一番，也自嘲了一把，引得哄堂大笑。通过这样的方式，大家对他好感倍增。

知道了幽默的小技巧，那什么时候用才是最合适的呢？我给你3个小推荐。

1. 见缝插针地幽默，让气氛更融洽

心理学中有一个黑暗效应，指的是在光线比较暗的场所，约会双方彼此看不清对方的表情，就很容易减少戒备感而产生安全感。在这种情况下，彼此产生亲近的可能性就会远远高于光线比较亮的场所。

这个效应指出，我们在人际交往中，会根据外界情况决定自己是否应该信任对方，或者自己应该用什么样的状态去应对和表达。如果场面严肃，就容易让人感受到紧张，如果气氛轻松，人们会更容易展示自己的优势。而懂得见缝插针地使用幽默，会让他人更容易对你产生好感，向你释放善意，也会使得他人对你印象深刻。

小 Y 是应届毕业生，和同学一起去面试一家大企业的行政秘书

的职位，因为这次面试对于她们几个刚毕业的人而言太重要，所以大家都非常紧张和谨慎。

集体面试的时候，几个面试官除了偶尔私下交流以外，大部分时间都是毫无表情地对小 Y 和其他面试者进行提问，看起来对她们并不是特别满意。

感受到这种氛围的小 Y 和同学们，不由自主地正襟危坐，每一句话都斟酌再三，连呼吸都放轻了。轮到面试官对小 Y 提问了："对于公司，你还有什么其他的要求吗？"

小 Y 还没回答，肚子就先突然"咕咕咕"地叫了起来，在安静的面试厅里，大家都听得一清二楚。正当这时，小 Y 俏皮地笑着说："除了三餐正常，没有其他要求了。"

听了小 Y 的回答，面试官们都笑了。接下来，面试官们的笑容也多了不少，随后的提问也变得轻松了许多。

2. 幽默地反击，效果更好

第二次世界大战期间，很多美国士兵背井离乡投入欧洲战场，只能借着书信以解思乡之情。

有个士兵接到家乡女友的来信，非常欣喜地拆开阅读，读着读着，笑容就僵住了。

原来他日夜思念的女友，在信中提到她已经有了新的男友，想借这封信提出分手，并请他将自己以前给他寄的照片寄还给她，以免日后牵扯不清。

这位士兵很生气，心情一直都难以平复。后来，他到处向随军护士以及女性军官索要照片，并且把得来的十几张照片一起寄回给女友，并附上了一句留言："这些都是我女友的照片，我忘了哪张是你的，请你自行选出你自己的照片，其余的寄回给我，谢谢。"

遇到这样的事情，很多人都会想办法报复，这位士兵也是一样，但是他的报复中加入了幽默的元素，足够令这位变心的女友产生非常震惊的反应，同时也起到了报复的作用。

3. 幽默和日常生活联系起来，效果加倍

很多时候，很多人觉得自己无法幽默起来，最主要的原因是你讲的内容距离大家太遥远。比如你给美国人讲中国的笑话，美国人会听得稀里糊涂，不知道好笑的点是什么。但如果你能将大家都会体验到，并且可以想象到的画面，用幽默的方式表达出来，大家便都能体会到。

小周今天一直在打喷嚏，他向小强寻求解决办法："我今天总打喷嚏，怎么办才好？"

小强说："吃点泻药就好。"

小周很意外："是真的吗？"

小强说："是啊，你想想，你吃了泻药之后，你还敢打喷嚏吗？"

小强的回答细思极其好笑，因为这样的情况，大家都有画面感，

会让人感觉你的"脑洞"很大，非常风趣幽默。

学会幽默表达，哪怕隔着屏幕，也会让人感觉你是一个拥有有趣灵魂的人，对你印象更好，更愿意与你交往。

09 ｜用好社群，让资源像滚雪球越滚越大

2020 年因为疫情，大家响应政府号召，尽量都待在家里，自发减少外出。所以关于吃饭的问题，大家都只能在网上去买菜，然后每天去指定的地方取菜。

阿美今天也如往常一样到指定取菜点去取菜，发现在取菜点的空地上停了一辆小车，车子的后备厢打开着，一个戴着口罩和手套的女性站在小车前，有一两个人围着她说些什么。

阿美看了一眼车里的东西，都是一些蔬菜水果什么的，想着应该是来卖蔬菜水果的，就走近了一些，想看看如果有合适的菜，就顺道再捎上一些回家。

走近了，阿美发现车上的蔬菜的确很新鲜，水果看起来也很不错，于是上前问："老板，这蔬菜怎么卖？"

老板笑着说："我不是来卖蔬菜的，我也是这个小区的业主，我朋友自己有个菜园，这不是最近大家买菜都不方便吗，我就建了个群，方便一些邻居朋友一起采购而已。这样也能帮我朋友一下，还

能让大家吃上新鲜的蔬菜和水果。"

听到这个邻居这样说，阿美马上就来兴趣了："那我可以加个微信吗？我就住在这栋楼里面，都是邻居。"

"可以啊。这是我的群二维码，你直接扫码进去就行，里面都是这个小区的业主。"邻居大方地拿出手机让阿美扫码进了群。

进群后，阿美发现群内的人数不算多，但每天都有新的邻居加入进来。群虽小，但群里每天都热热闹闹的，而且无论大家有什么需求，群主马上都会有回应。而且阿美还发现，别说买菜，就连上网都抢不到的口罩等必备品，群主都可以帮大家找到购买资源，并且也远比市面上的价格要低。

慢慢地，大家缺什么，都会习惯性地先去问问群主有没有，有的话就和同样有需要的邻居一起团购。这样的情况一直持续着。后来大家才知道，原来群主的主业是做贸易，副业是做保险的。听说群里很多人因为觉得群主人很靠谱，还在她那里买了不少大额的保险。

很多时候，你想在互联网上去认识更多的人，都喜欢优先考虑大群，会认为大群比较容易找到"志同道合"的人。

事实上，人人都想加入大群，但人们多在小群中活跃。因为以即时沟通为核心的群，人数越多，"噪音"越大，对用户的骚扰就越大，所以很多时候我们会观察到，大部分人加入大群后，最常采取的方式是关闭消息提示。

当被打扰的次数持续增加时，用户多选择退群而去。相反，用户更多会在小群中进行频繁、密切的沟通和分享。

腾讯产品经理的研究数据指出：无论是微信群还是社交圈，基本都会呈现出大群松散沉默，小群紧密活跃这样的特征。要评定一个社群是否是一个优秀的社群，是否可以为你提供价值，你需要关注以下 3 点特征。

1. 互相认识

你能在社群中认识多少好友，这个指标代表了一个紧密度，你在社交群内部的好友越多，说明你在社交群中的地位越重要，群的质量也越高。而在一个社群中，好友数量越多，大家留在这个社群中的时间就会越长。

但不是说这个社群的人数增长得越快就越好。因为新人的大量增加，大家没有足够的时间来互相认识，即使你进入了一个 500 人的大群，也一点意义都没有，因为你不认识里面的成员，也无法与他们多做交流。

一个优秀的社群，不在于量，而在于质。因此你要能在这个社群中，尽量让更多人认识你，并且你也认识他们，并与他们建立连接。

2. 互相信赖

你是否信任他？他是否信任你？信任是促成社群高转化的基础，也是打开人际关系资源网的一个最重要的组成部分。

比如你要给孩子报一个兴趣班,你可能会问你身边有孩子,并且也在学习一些兴趣班的朋友。因为你会信任他们,并愿意听从他们的建议,从而进行选择。

同样,如果社群内的人对你有这种信任,那社群内的人就会成为你的资源磁石,吸引来更多的人。这就是网络运营中经常会提及的裂变。裂变是指利用信任而产生的一个类似于细胞分裂的模式,一变二,二变四,数据呈指数级增长。

3. 频繁互动

衡量一个社群是否会带给你价值,最核心的指标是你和社群中的成员在这个社群内消耗的时间有多久。通常来说,社群成员在社群停留的时间越长,表明社群对他们的影响越大。

其中最主要的方式是双方会在社群中频繁互动,从而催生大家产生一致的社群认知。

那如何做才能帮助你"用"好社群,并把资源像滚雪球一样越滚越大呢?

1. 大家只关心和自己相关的问题

某社交软件曾经对一些平台社群做了分析研究,把大家日常喜欢讨论的问题分成了3种:私人主观问题、公共问题、客观问题。

发现有两个类型的话题是极其受欢迎的。

（1）私人主观问题

大家都会对一些和自己相关的问题和讨论产生兴趣，比如：养狗有什么需要注意的？和对象感情淡了要不要分手？这些问题具有极高的浏览数据和回答概率。

（2）公共问题

所谓的公共问题，还是会与自身相关，但是会显得更加大众化一些：比如情人节怎么过比较好？抑郁症该如何调整？这些问题虽然比私人问题浏览和回答的概率低一些，但也远比客观问题的浏览概率要高。

这说明了一个非常重要的问题：如果你要"用"好你的社群，你必须优先考虑与对方自身相关的话题。因为涉及私人和主观的问题，更容易让人知道自己愿不愿意和对方有更多的联系，有更多的交流。

2. 通过相似的人，更容易打开圈子

喜欢马拉松长跑的众筹网工作人员小刘有一个小发现，在马拉松长跑中，实力相近的一些跑者，最后多数会成为好友。"可能在你停下来补充水分或者能量时，他超过了你，但是在下一个路段，你又会超过他，无形中你们互相激励，最终抵达终点线的时间，双方也会非常接近。"

　　通过这个例子我们可以发现，当你和相似的人在一起的时候，你们更容易产生更多的交集，并且通过和你相似的人，你可以认识更多的连接者。

　　北京普思投资董事长、万达集团董事王思聪参与创办了"熊猫TV"直播，在最早期的 5 000 万用户中，大部分用户是被王思聪和他的关系链的好友吸引过来的，其中没有用任何的渠道费用。他的这种影响力超过了绝大多数的顶流明星。

　　这就是信息通过相似的人群、社群，进行扩散后得到的结果。很多时候，社群中的虽然都是普通人，但是他们的社交分享，能把讯息带到更多的新社群和社交圈中去，就会影响到更多的人。

　　因此，更多地把你的讯息分享到与你相似的人组成的社群中，你的讯息将会被扩散得更广，资源也会更容易获取。

10 | 整合人际交往圈子，让资源取之不尽

互联网极大地拓展了人际交往圈子与职业空间，很多人其实还没意识到这一点。互联网把传统生意中的人流变成了信息流，而信息流没有空间、时间的限制，这意味着你可以在任何一个不知名的地方做全世界的生意。

大庆是一位农民，他研究了一套不需要用农药也可以保证农作物良好生长的方法。他希望有更多的人知道这件事，让更多的人吃上放心的农产品，因此他借助微信对自己的产品进行宣传和推广。

在短短6个月的时间里，大庆的安全健康农产品的销售对象已经遍布了全国多个省份，并且还有持续扩展的趋势。

好奇的老乡就去问大庆是怎么做到的，大庆举了3个手指头说自己只做好了3件事。

这3件事就是：打造团队、保证产品、整合人际关系圈子。

这3件事具体是怎么做的呢？

1. 打造团队

一个人的力量毕竟是有限的，在一开始的时候，大庆就找到了自己的好朋友阿伦合作，大庆负责前端，包括销售、推广、图片设计、自媒体宣传等，阿伦则负责后勤财务、客服发货、供应商细节沟通、团队管理等。两人分工合作，各司其职。

2. 保证产品

大庆和阿伦非常在意产品质量的把关。同时，大庆还发动老乡生产更多的健康农产品，比如当地的一些特色制品等。不仅如此，大庆和阿伦还走遍全国，寻找和筛选各地安全放心的特色农作物，以丰富自己的产品种类。

3. 整合人际关系圈子

除了发动老乡们，以及对于产品的品质把关，大庆还想了一个办法。他通过微信和自媒体平台，邀请更多愿意来提供服务的陌生人一起加入他的品鉴团队。这个品鉴团队肩负着两个任务：给产品挖卖点和做好物推荐。

此外，大庆还买了一台相机，为自己的农产品拍摄摄影作品，"混迹"各大摄影群。通过这样的方式，他认识了不少来自全国各地的摄影爱好者，不仅将他们吸纳为品鉴团队的成员，还通过他们的摄影作品，为自己的农产品增加了一种新的传播媒介。

大庆的例子不是个例，利用微信打造个人经济的人非常多，这种模式叫微商模式。要用好这个模式，你需要了解 3 个产品思维点。

1. 产品是一种媒介资源

广结人际网络最好的媒介就是"产品"。当你想要得到更多的关注，获得更好的资源时，你首先需要拥有一种"产品"，并且通过不断提升和完善你的"产品"来吸引他人。"产品"可以是真实的产品，也可以是你能为他人提供的价值。比如你很擅长画插画，插画就是你的产品和价值。除了技术产品以外，资源也可以是一种产品，假设你有别人需要的资源，你也可以在其中起穿针引线的作用，实现资源置换。通过"产品"，你就可以获得更多的资源和认识更多的人。

就如在大庆的故事中，他的农产品就是他可以连接不同人的资源媒介。通过农产品，他连接到了他的团队伙伴、老乡、品鉴团队的陌生人、摄影爱好者、客户等。

2. 将自身产品化

将自身产品化的核心是明确自身的稀缺性。

你的价值，决定你的有效资源有多少。而你的价值，由你带来的"稀缺性"决定。

罗伯特·西奥迪尼说，获得影响力非常重要的一个因素就是"稀缺"，人们喜欢稀缺，稀缺能创造影响力。

找到自身的稀缺性，你就能创造出你个人的产品价值，成为可信赖的人。这种稀缺性可以是你的知识、专业能力、能为他人提供的服务和价值，也可以是你可被他人信赖的品质，还可以是你正在提供的产品。

总的来说，将自身产品化，就是要打造你在他人眼中的"人设"，使别人一看到你，就知道你是一个什么样的人，可以为他提供什么，以及他为什么要相信你。

3. 用产品思维去建立关系

著名投资人查理·芒格先生说："钓鱼的第一条法则是在有鱼的地方。第二条法则就是别忘了第一条法则。"

与他人建立关系，实现资源最大化，我们需要做的最重要的事情是，提供人们想要但是还不知道怎样获得的东西，如果可以，最好把它规模化。

真人秀《隐形亿万富翁》里的格伦斯登说，不要先考虑自己能提供什么，应该先看市场需要什么。

寻找人们想要的东西有一个简单的办法，就是把富人拥有的东西分给每一个人。比如，苹果手机的创始人乔布斯先生意识到大家都需要一个可以放在口袋中的电脑，它比电话具有更多功能，使用也更方便，所以苹果手机就出现了。

滴滴出行的创始人程维先生和团队发现，富人拥有专属司机，而滴滴专车可以为人们低价提供单次的专属司机服务。所以滴滴专车出现了。

当你拥有了产品思维，你就会知道你可以为身边的人提供什么，从而使得这些资源留在你这里。除了以上这些，还有两个需要你重视的地方：

（1）你需要拥有长期思维，因为人们都会相信长期的关系。长期关系容易产生相互信任、相互依赖的结果，而短期博弈更容易出现骗子。因此不要太过于功利化地去看待你和他人的关系。酒越久越醇，情越久越浓。

（2）学会销售，也学会建构产品。如果你同时掌握了这两样，你将是无敌的。

很多人会有一个误区，认为做出好产品后酒香不怕巷子深。但实际上，销售优先于产品，酒香也怕巷子深。就连苹果公司创业伊始，也是乔布斯主要负责销售，沃兹负责产品。当然，产品并非不重要，实际上，产品非常重要。苹果公司能成功，也得益于乔布斯在产品设计方面超人一等的理念，但这不妨碍销售的重要性。销售 × 产品 = 收入，这个公式里任何一个因素是 0，结果一定是 0。

而在建构人与人的关系中的销售，就是要更多地展示你自身的价值和优势，让对方看到你，关注你。这样，你这个"产品"才会得到最大的价值回报。尤其在线上社交中，这一点更为重要。

Part3

在线下打造社交高手

11 ｜和陌生人交谈，打造社交高手第一步

我们要明白一个道理，每一个朋友都是由陌生人演变而来的，你要想让自己的人际关系网不断扩大，结交更多的朋友，拥有更多的客户，就必须主动和陌生人打交道。只有这样，你才能不断扩大自己的人际关系网。

很多成功人士在总结自己的经验时，都会把"和陌生人说话的勇气"这一点放在重要的位置。当今世界上顶尖的演讲者安东尼·罗宾就曾经说过，失败者与成功者最大的区别在于他们对陌生人的态度。

与陌生人能自如地交谈，是赢得客户、获得他人认同的第一步。但很多人非常恐惧与陌生人打交道，认为自己性格内向，不擅长与人打交道。

瑞士心理学家卡尔·荣格有一个关于人格类型的观点，他将人的心理能量分成两种类型。

1. 外倾型

（1）容易忽略自己的内心，从而在现实社会中迷失自我。

（2）善于交际，并善于处理棘手的突发事件。

（3）自信心满满。

（4）性格开朗活泼，感情流露真切。

（5）独立、轻率，最缺乏自我批评的勇气。

2. 内倾型

（1）太重视自己的内心世界，兴趣方向根据内在世界的变化而变化。

（2）不善于交际，但好沉思、自省。

（3）缺乏自信，容易受外界影响而害羞，较内敛。

（4）性格内向甚至孤僻，不善于表达自己的情感。

（5）为人稳重，心思细腻，容易换位思考问题。

外倾型就是我们理解的外向，内倾型则是内向。内倾型的人就无法拥有一个好的表达能力吗？

企业家罗永浩在演讲的时候说："你们别看我站在台上能说那么久，其实我是个很内向的人，参加超过5个人的饭局我就会全身不舒服，每次饭局结束以后，回家我都要一个人待着读一天书，才能缓过来。"

没去新东方当老师之前，有很多人问罗永浩："你平时一天都不说几句话，还能上台当老师？"

但罗永浩认为，内向的性格决定了自己不会被别人所左右，但谁规定内向的人就不能当老师了？

话虽如此，但对于内向的人而言，要与陌生人交谈，需要一点点冒险精神。所以对于一些不知道该如何与陌生人交谈的人，在你要邀请对方和你持续沟通前，你需要为自己设计好一套交谈的方案，这样你就能很快和陌生人打成一片。这套方案包括 5 点。

1. 从一个恰当的时机或者对象开始

假如一群人在聊天，你很突兀地插入进去，这肯定是不合适的，但是如果在他们停顿的时候，你顺着话题不经意地插入，那就是一个恰当的时机。

什么是恰当的对象呢？当你发现一群人都在玩手机，只有一个人在左顾右盼，没有拿起手机时，这个人就是你恰当的对象。因为对方也有可能和你一样，有想交流的欲望。

2. 善用倾听，获得他人好感

世界著名推销员乔·吉拉德有一句名言："世界上有两种力量非常伟大，一是倾听，二是微笑。你倾听对方越久，对方就越愿意接近你。"

小马是一个机械设备推销员，有一天，他去拜访曾经在自己公司购买过机械设备的客户王先生。见面时，小马照惯例先递上自己的名片并说："您好，我是 ×× 机械设备公司的小马……"

小马话都还没说完，客户王先生就非常生气地打断了小马的话，开始抱怨对这个产品和购买产品时员工的服务态度等种种不满。

王先生一直在数落，小马就一直在认真地听，一句话也没说，过了好一会儿，王先生终于把自己的怨气都发泄完了，抬起头才发现小马不是之前合作的销售员。王先生有点不好意思地对小马说："小伙子，把你们的最新产品目录给我看看，给我介绍介绍吧。"

最终小马完成两台最新设备的销售单，而他从见到客户到签完单，总共讲话都不超过 10 分钟。王先生说："我是看你非常实在，有诚意又很尊重我，所以我才向你下单的。"

美国励志大师戴尔·卡耐基说："在生意场上，做一名好听众远比自己夸夸其谈有用得多。如果你表现出对客户的话感兴趣，并且有急切想听下去的愿望，那么订单通常会水到渠成。"这也是小马最终成功的主要原因。

3. 抓住对方感兴趣的点

要想钓鱼，就得用对鱼饵。如果你对一个喜欢摇滚音乐的人大谈古典音乐有多好，那么估计你除了得到一场辩论以外，很难收获什么。

中国著名呼吸病学专家钟南山于 1981 年去英国进修时，很希望可以了解更多国外先进的医学临床技术及最新情况，所以他向罗伯特教授提出请求，希望可以到罗伯特教授主持的一个非常著名的临床医院去看看，并且如果能一起查房，实地学习一下就更好了。

罗伯特教授只答应给钟南山 10 分钟的时间。

钟南山见到罗伯特教授的第一句话就是："我读过您的一本书——《医学生的伴侣》，觉得它很有意思。"

罗伯特望了一眼钟南山，有些怀疑地问："你真的读过我这本小册子？"

钟南山点头，并对书中一些主要观点进行了简要的评述。罗伯特教授听到这些一下子就兴奋起来，对他产生了极大的兴趣，丢下了手中的笔，摆出了一副要长谈的架势。

钟南山见此很及时地问了一句："我们不是只有 10 分钟时间吗？"

罗伯特连忙摇头说："不，不，完全没有限制。"

两个人一直谈论了一个多小时，并且一起去查看了病房。临别时，罗伯特教授还把一本刚出版的精装版《医学生的伴侣》送给了钟南山，而且在书的扉页上认真题了字，"赠给钟医生——罗伯特"。

美国哲学家杜威曾说过："人类本质里最深远的驱策力，就是希望具有重要性。"无论是谁，只要你能找到对方感兴趣的，或者对方的"得意之处"，投其所好，对方都会因为得到重视而迅速对你产生好感，毕竟酒逢知己千杯少，话不投机半句多。你同意吗？

4. 从对方的利益出发

凡事先从对方的利益出发去思考，你会发现，这样一来，对方更容易注意到你，并对你产生兴趣。

有这样一个故事，有个人晚上去存款，恰好遇到他存款的 ATM 机出故障了，一万块钱被吞，于是他打电话联系银行，结果银行方告诉他要等到第二天上班后才能来修理。正在犯愁的他灵机一动，想到一个好主意，他又拨通了银行的电话说，ATM 机多吐了一万块钱出来。于是，5 分钟后维修人员就过来修理机器了，他最终也拿回了自己被吞的钱。

当你需要获得别人的关注时，你首先需要考虑的是对方的利益，将对方的利益和自己的利益结合起来，对方就更容易和你产生联系。

5. 先认同对方

纽约高级座椅公司的总裁亚当斯想约见商人乔治·伊斯曼，并希望能得到伊斯曼两栋大楼的座椅订购生意。

和伊斯曼见面后，亚当斯没有过多介绍自己，反而非常诚恳地对伊斯曼的办公室设计表达了自己的喜爱，并且利用办公室装饰材料的一些细节，向伊斯曼展现了自己的专业知识。

伊斯曼非常开心，因为这间办公室有一部分是他自己参与设计和建造的。他带着亚当斯参观了房间的每一个角落，并且把自己参与设计的部分也一一指给亚当斯看，还向亚当斯讲述了他早年创业时艰苦奋斗的过程。最后，亚当斯如愿以偿地拿到了那两栋楼的座椅订购生意。

卡耐基先生曾说，一个人要得到另一个人的喜欢和认同，有一点很重要，就是在此之前，要先让对方感受到你的诚意，即你对他的欣赏和喜欢。

因为从人性的角度来说，人都是渴望被人喜欢，希望自己受到认可的。人与人之间的感受本是相互的，只有当一个人感受到对方在情感上向自己释放的温暖时，他才有可能给予回馈。任何感情都是如此。

抓住五个要点设计一套好的交谈方案

1. 从一个恰当的时机或对象开始

2. 善用倾听，获得他人好感

3. 抓住对方感兴趣的点

感兴趣点

4. 从对方利益出发

利益

5. 先认同对方

12 ｜引起领导重视，快速向上发展有效资源圈

管理心理学认为，位高权重的人更需要安全感，一方面是由于工作压力，另一方面是由于权力争斗。领导需要做的事情很多，需要应对的挑战也非常多，他们必然会遇到自己不好处理或者依靠自身无法完成的事情，这个时候，他就会需要一个能帮助自己的人。

朱元璋刚攻下南京时，根基未稳，力量很薄弱，不足以和其他的起义军抗衡。面对这种情况，朱元璋一筹莫展。这个时候，一个叫朱升的人出现了，他依据当时的客观形势，向朱元璋提出了"高筑墙、广积粮、缓称王"的九字策略。朱元璋按照这个战略方针，稳扎稳打，最终夺得了天下，而朱升也被召至应天府做了朱元璋的重要谋臣。

由此可见，能协助领导解决问题的下属，是领导非常需要并且看重的对象。

既然如此，那我们在职场中，如何成为一个可以协助领导解决问题，并且被领导需要和看重的对象呢？有 5 个"位置"，只要你做

到了，就会被领导所青睐。

1. 定位：领导的需求就是你的定位

公司每年 10 月至 12 月是最忙的时候，副总经理会把各个部门的领导都组织起来，成立一个项目突击小组，整合本年度公司资源，包括财务资源、人力资源、物力资源等，预算接近 1 000 万。项目小组的负责人通常是临时委派的。

老余是这次项目小组的临时负责人，在完成这个项目后，他沾沾自喜，认为自己非常了不起，做事变得浮躁，并在公司里颐指气使。第二年，副总经理就再没有安排他做项目负责人了。

在职场中，很多人对自己没有明确的定位，这样就很容易产生一种越位的情况。当你越位时，你的领导就会感到威胁，你的职位也就不稳了。所以，不要越位，是职场人要知道的第一件事。

那怎么定义自己的位置比较合适呢？我们先要了解定位的含义是什么。简单来说，定位指的是你该做什么，不该做什么。而在职场中，要找到自己的定位很简单，你只需要明确领导对你的需求是什么，那就是你的定位。

举个简单的例子。在职场中我们经常要参加很多会议，有些人需要主持会议，有些人需要组织会议，有些人需要在会议上做汇报，有些人需要在会议中做记录……每个人在这个会议中的角色不同。根据你在这个会议中的角色，去确定自己的定位是什么，然后做好自己的本职工作。该主持会议的，不要拿着话筒自己讲个不停，而不给别人发言的机会；负责记录会议的，就要做好会议纪要，不要左顾右盼、胡思乱想。

2. 到位：把本职工作做到最好

一个商务助理对项目经理抱怨工作内容太严苛。

项目经理问："每周五下午下班前要将所有的数据统计清楚发给我，格式要按照标准，不能有任何错误，这些难道不是对一个商务助理最基本的要求吗？"

助理："没错，这些都是我的工作，但是他们都是在周五上午才把数据给我，我只有一个下午的时间统计，经常做不完，所以才会出错。"

项目经理："做错事情你还找借口？把工作做到位本来就是你的职责，同事们的数据交晚了，你就应该加班完成。即便不加班，你也应该递交申请，晚一点交也可以啊，而不应该出错。"

这样的场面，在职场中经常会见到，员工内心难免抱怨：又不是什么大错，要不要那么凶？只是错了那么一点点，要不要那么严格？谁能保证工作绝对不出错？他们不准时交，导致我没时间确认，这为什么要怪我？

如果你真的有以上的想法，那你就真的是大错特错了。因为领导在给你布置工作任务的时候，认为这些工作就是你职责以内的，交给你，你就应该按照要求完成，如果你不能按要求完成，领导就会认为你不是一个称职的员工。

在把自己的工作做到位的同时，还应适当把自己的工作做到超出领导的预期。那么怎么做才能超出老板的预期呢？

（1）明确上级对你的预期

举例：领导让你完成一项工作，周四要完成，如果你周三就完成了，那就是超过了领导的预期。但如果你周五才完成，这就会在领导的心中留下不好的印象。

（2）做好工作细节

举例：领导让你完成一项工作，你可以主动和领导讨论，将你的想法、做法告诉对方，或者让领导将他的想法告诉你。在进行工作之前，提前和领导沟通你的工作计划和进度。这样会让领导与你建立起良好的信任关系。

3. 补位：主动帮忙解决问题

杨升是某个自媒体公司的运营主管，进入公司后，仅仅用一年的时间，杨升就升到了现在的职位。而很多和他同期进来的同事，甚至比他更早进入公司的同事，都还停留在原地。

有朋友问他诀窍是什么，杨升说："老板对我的态度，决定了我的升职速度。我做任何工作都会尽自己能力做到最好，同时，我还会帮助领导完成任务，和领导形成一种互补关系。假设领导遇到一些很着急处理或者棘手的事情，我就主动接手去完成。在完成后，我也不抢功劳。领导受到公司的肯定和器重，那我就跟着领导一起往上升了，因为领导需要得力助手时，首先考虑的肯定就是我。"

补位最重要的诀窍就是，哪里需要你，你就到哪里。你能补位的次数越多，领导就越看重你。而当别人需要补位的时候，你能帮别人，反之你需要帮忙的时候，别人也会帮助你。

4. 换位：从领导的角度出发

要能和领导同频，你必须先具备领导视角。什么是领导视角？

比如你很会设计造型，会利用自己的专业和经验，将客户服务得非常满意，并且你为了赚到更多的钱，会加班加点，多接待几个客户。但结果是你再怎么辛苦，再怎么提升自己的专业技能，也不过是一个不错的造型设计师。

而如果你在为顾客设计完造型后，去思考，我怎么能把这个设计造型的方法变得可复制？我能不能开一个造型设计培训班，然后自己也开一家造型设计公司，请比我更厉害的设计师过来，一边授课一边服务客户？

同样提供服务，光想着提升自己的，就是员工视角；想着如何发掘商机的，就是领导视角。这就是人与人之间思维的不同，站在不同的角度去看待同一个问题，得出的结论就会不同。

领导视角带来的好处不仅仅是决定你是否可以坐上那个位置，

还可以指引你成为一个更优秀、更值得被人信赖的人。同样的道理，如果你在工作中可以运用领导视角，那你和你的上级领导，就可以很容易地进行同频沟通。

5. 站位：自我心态管理

小田是一个设计院的设计师，他最烦的事情就是，领导每次都交给他最难搞的甲方、最紧急的任务、最刁钻的选题……这些都是同事们避之不及的，但是小田无法拒绝。

小田向领导抱怨，但领导说："你是我最看重的员工，我相信你的专业能力，你可以做到的。"

渐渐地，小田产生了倦怠心理，越来越不想工作，一想到工作难度就开始逃避，能拖就拖。团队的同事都说他变了，不再像以前那么积极肯干了。领导对小田的变化也看在眼里，渐渐也就对小田没有那么看重了。

小田慢慢发现，领导把这些高难度的工作任务都交给了另一个专业能力不如自己的同事小林，包括一些重要的项目也都交给了小林去完成。小林虽然专业能力一般，但是工作兢兢业业，总是尽量把领导交代的每项工作都做好，哪怕自己私下加班。

两年后，领导升职，指定小林来接替自己的位置。原本同期进来的同事，突然变成了自己的直属上司，小田这才意识到这一切都是自己造成的，懊悔不已。

像这样的场景，在职场中随处可见。对于领导而言，专业能力不足，可以通过后天训练提升，但是一个人若没有责任心，哪怕能力再强，也会让领导慢慢失去信心。

在职场中，你一定会遇到一些超过能力范围的工作任务，面对困难的任务，很容易产生一种畏难情绪，所以你要学会调整自己的畏难情绪。如何调解自己的畏难情绪呢？你需要做以下3个步骤。

（1）先假设这个目标自己是可以达到的

信念对于一个人是否可以成功非常重要。如果你认为这件事你无法完成，那你就一定无法完成，所以先提前给自己做好心理准备工作，告诉自己这个目标虽然高，但是可以完成。

（2）先制订可执行的行动计划

要完成高难度目标，你需要先把目标拆分成几个不同的小目标，想办法完成一个一个小目标，这样你的成就感会不断增加，并且完成目标的难度也降低了。这在下一章中我们有详细讲解。

（3）不要高估自己，也不要看轻自己

很多职场人会被困难打倒，最主要的原因是对自己有过高的评价和期待，然后一旦完成不了，就会一蹶不振。你需要做的是从现实出发，客观看待自己的能力。

13 ｜妙用饭局，高效打造优质关系

中国有句老话，民以食为天，说的就是中国人对美食的态度。对于西方人，冷牛奶加麦片，三明治加火腿片，或者一份土豆泥加几块牛肉、生蔬菜的饮食习惯，中国人忍不住就会"吐槽"："这叫正儿八经吃饭吗？"

中餐食材多种，烹调方式多样，口味也差异巨大。据说"饭局"一词是宋代人发明的，距今已有上千年的历史。宋人把"饭"与"局"连成一体，尽显玄妙。

中国的饭局文化历史悠久，有很多重要的历史事件都是在饭桌上发生的，有的饭局甚至还影响了历史的发展。比如宋太祖为加强中央集权的"杯酒释兵权"，又如曹操与刘备"煮酒论英雄"，再有蔺相如与秦王斗智斗勇的"渑池会"，还有充满杀气与凶险的"鸿门宴"……各种各样的饭局数不胜数。

同时还有贯穿清代数百年历史的"满汉全席"，始于康熙，盛于乾隆时期的"千叟宴"，更是达到了饭局的最高境界。而现今，饭局已然成为中国重要的社交场合之一。

中国是一个关系型社会。摆脱不了这个集体氛围的人们，在有事情要办时，很多都会想到是否有关系可用。如果有哪位亲戚朋友能帮忙搭上关系的，就会先拉出来吃个饭。

曾经有一个企业家对饭局发表过这样的看法："作为社交方式的中国式饭局，可以向对方传递一个'自己人'的讯息。这代表亲近，认同你是自己人，要办的事情先不说，先吃。这样就不会让人感觉太势利。如果事情办不成，那就一起吃顿饭，这样也不会伤面子。但如果用一种正儿八经的方式去谈正事，中国人就会觉得这样太紧张。我们在饭桌、酒桌上更容易敞开心扉。"

所以如果说你想与一个人拉近距离，培养感情，那就和对方吃顿饭吧。饭局，就是一个很好维护你与他人关系的手段，但也要切记，避免急功近利，要以真诚交朋友的心态去交往。因为只有靠真心维系的友谊才能长久。有时候你企图得到的东西越多，可能实际得到的越少。

中国式饭局的目的是社交。每个饭局的作用都不同，因此组织一个饭局，必须要先想好邀请的人选。被邀请的人，都会很关心你邀请了谁，估算自己在邀请者心中的位置，还要看看这其中有没有和自己有过节的人，有没有和自己很投缘的人，这些因素都会决定被邀请者去或者不去。所以如果你是组局者，这些细节都要考虑到。

我们要邀请人吃饭时，一般会优先考虑 4 类人。

1. 对你目前工作、生活而言重要的人

饭局是你和重要的人加强联系、增进友谊的重要手段。如果你认为一个人对你很重要，但是你连饭都没和对方吃过，那么他对你有多重要就需要打个问号了。中国人非常喜欢在饭桌上谈感情，任何事情都可以在饭桌上边吃边聊，饭毕，如果谈拢了，那么皆大欢喜，就算谈不拢，那人情也还在。

2. 你潜在想要结交的人

在一些大场合里认识的人，哪怕能多聊几句，也就是匆匆一面。如果希望未来能与对方进行更进一步合作，或者更进一步深交，那一起吃顿饭是最好不过的选择了。

3. 有好感的人

经常有人问我："我想追求某个人，应该怎么做？"我说："那你就约对方出来吃顿饭，吃饭看人品，你可以观察对方，对方也可以观察你。"多吃几次饭，你就会知道这个人是否合适。如果合适，那就可以更进一步发展；如果不合适，也可以及时调整自己的态度。

4. 和你关系好的人

和关系好的人相聚，是一种心灵的滋养。

关系好的人，包括朋友、同事、同学、亲戚等。与这些人不一定要讲究交往频率，可能很久才约见一次，不一定需要在高级餐厅聚会，只要能聊天和叙旧就行。

关系好的人比较好邀约，那关系并不要好的人要怎么邀约，才能减少被拒绝的可能性呢？

（1）找大家共同认识的，或者对方感兴趣的人一起吃饭

通常中间人就是起一个润滑剂的作用。假设你想邀请一个你不熟悉的人出来吃饭，你们之前并没有太多的交流或者沟通，对方的很多情况你并不了解，那对方熟悉或者感兴趣的人，就是一个非常好的媒介。

（2）先清晰表达自己的目的，并传递自己可以为对方带来的价值

有个学生在找我学人际关系心理学课程之前，有一个非常大的困扰，她每次想约人总是约不出来。我看了一下她的邀约短信，她是这样写的："姐，您最近啥时候有空啊，有空出来吃个饭，聊一聊？"

对方给她的回复不是"忙"，就是用各种理由推脱了。

我告诉她，你需要把你见面的目的和想聊的事情，包括你可能会给对方带来什么样的价值表达出来，这样你才会有更大概率约到这种不熟的人。

比如你可以说："姐，我最近在做一个关于×××的项目，因为知道您的社交圈很广，所以我很想和您聊聊，看看我们是否有什么可以合作的地方。您看什么时候您比较方便，我请您吃个饭。"

学生按照我说的给对方发了信息，很快对方就给她回了讯息，并且确定了见面的时间。

（3）找离对方工作地点近的地方，从午餐约起

你可以在到对方附近办事时，邀请对方共进午餐，有什么比这个理由更容易邀请对方出来吃饭的呢？但是这个邀约，一定要避免临时邀约，一定要提前最少1天，最多3天，告诉对方这件事情。

当然，如果你是特地过去拜访的，也可以用这个借口，但是也必须要提前告知对方。因为这样会让对方感觉到你的重视，也显得非常有礼貌。邀约的方式可以是："您好，下周三我会在您公司附近办事，不知道午餐您是否有安排，我想邀请您一起吃个便饭。"也可以是："您好，周三中午不知道您是否有空，我想邀请您一起用餐，我最近有个项目，想请您给我一些建议，也想看看我们是否有可以合作的地方。"

如果你是为了追求对方，那你也可以直接说："我下周三会在你公司附近办事，听说有一家很不错的餐厅，不知道你中午是否有空，可以陪我一起去试试吗？"

除了要知道邀约的技巧外，你还需要知道该如何选择早中晚餐才是最合适的。

一般来说，早餐时间比较仓促，比较适合约见因为工作原因必

须要见的人，而不合适约见初次见面的人。早餐见面谈事，都是目标明确，不用太多寒暄，直奔主题，谈完后再约下次。

午餐是一个可以高效增强弱联系的选择。一般来说，午餐的成本比较低，因为下午大家都会有工作安排或者其他事情，所以不一定会去非常高档豪华的餐厅，多数会选择工作场所附近的地方用餐，而且中午大家一般不喝酒，也省了昂贵的酒水费用。同时午餐也不占用太多私人时间，比如有些有家室的人，晚上下班后要回家照顾孩子、照顾家庭，所以接受午餐邀请的概率会更高。并且如果是异性的话，在白天邀请用餐也会更得体一些。

如果你想让对方不要对你防御性那么高，午餐也是一个非常好的选择，因为午餐会让人感觉更随意一些，而不会过于正式。同时，午餐应多安排在距离对方近的地方，有利于对方安排时间，这样就算是不熟悉的人，也不会以工作忙来推脱。一对一的午餐时间，会让对方感觉到你对他的重视，也可以更充分地进行交流。

在高效运作的深圳，除了午餐外，还有一个社交邀约时间的选择——下午茶。下午茶一般是除了午餐外，最容易邀请对方出来谈项目的时间。若对方的午餐另有安排，或者有些公司会在中午进行午餐会议，那么大概下午 3 点钟，你可以邀请对方一起喝杯咖啡，或者出来坐坐。下午茶的作用和午餐的作用，有异曲同工之处——不太正式，能让人轻松交流。

晚餐一般来说需要进行较长的时间，而且商务晚餐多数都会安排酒水，这是中国传统的酒桌文化，除非大家都是不喝酒的，否则避免不了。在酒桌上，无论你酒量大小，都要注意不要过度饮酒，把自己喝醉，这样容易酒后失态，会给人留下不好的印象。晚餐一般是比较正式的场合，所以在选择餐厅和选择餐品的时候，要考虑到所有参与的人的口味和习惯，并做到荤素搭配，越是重要的场合，越是要有一些有分量的菜，比如这家餐厅的招牌菜等。

那是不是要建立人际关系，就一定要请人吃饭呢？不是的。在我的课堂上，有学生曾经问我："怎么和别人打开话题？"

这很容易，可以从美食开始。问问对方最喜欢吃什么菜，有没有吃过哪家不错的餐厅可以推荐，或者对方老家地道的家乡菜馆，有哪些特色。

而当你真的去了对方推荐的餐厅就餐，那么回来后别忘了与对方交流一下，告诉对方你印象最深刻的菜是什么，问问对方自己是不是漏点什么招牌菜了。如果对方提到一些菜你没有点到，你可以和对方说："下次我要带上你一起去，这样点菜才放心。"

如果对方推荐的菜你都点了，那你也可以给他推荐你吃过的，感觉不错的菜，建议他下次也可以去试试。这样一来二往的，你们的关系不就变得熟悉起来了吗？

美国著名社会心理学家亚伯拉罕·马斯洛提出过一个需求理论，在他的理论中，食物位于最基础的生理需求中，所以在超链接时代，吃饭成了一个与人连接的最好工具。

要搭建和维护好人际关系，就要学会巧用这个工具，让它发挥出其效力来。所以，尽量不要一个人去吃饭，应多与他人聊聊美食。

14 ｜选择合适的社交圈，打造优质圈子不走弯路

环境对于一个人的影响是巨大的，它会影响你的判断和行为。曾经有人说过，把一个学霸放到一个都是学渣的环境中，不出一个学期，学霸也会变成学渣。所以很多家长哪怕再辛苦，也要把孩子送进好学校。大学能考上研究生的，很多都是一个宿舍的人。这样的例子也非常常见。一个集体可以造就一种环境，一个集体就是一个圈子。

无论你是否会刻意地去经营自己的圈子，都会不自觉地进入某个圈子中。你如果不清晰自己选择圈子的方向，那便很容易进入一个不合适自己的圈子。在受到一些消极的影响后，你就会因为这个圈子变得沮丧和颓废。

那怎么样才能找到适合自己的圈子呢？有以下 3 个建议。

1. 确定方向 + 正确的打开方式

45 岁的方鸣自己在深圳创业，住在一栋小别墅里。他的社交圈子基本只有 3 个：一是各种商业聚会和论坛，二是在深圳的海归团体的聚会，三是各种各样的家庭派对。

方鸣刚搬进他的别墅时，没有像其他邻居一样偷偷在后院里盖房子。他希望自己可以像美国人那样，在自家院子里烤肉喝酒、晒太阳、招待朋友。

现在方鸣做的烤肉经常会吸引各种朋友专门来吃，吃完后对方就会约方鸣下周来自家的饭局。几年下来，方鸣感觉大有收获，不需刻意经营，自己的社交圈子就在不知不觉中变大了。

而且在生意上，这种社交关系往往比单纯的"换名片"更靠谱。方鸣说，他最近的一桩生意，就是在这个圈子的朋友的帮助下做成的。

受到种种因素影响，包括财力、精力等，人是不可能无限地认识和结交他人的。每个圈子都有其特殊性和封闭性，因此在选择圈子的时候，你需要找准对自己有帮助的圈子。

首先你要考虑和自己职业相关的圈子，即能为你的职业或者副业提供支持的圈子。

其次你可以找你感兴趣的圈子，比如你喜欢阅读，就可以选择一些读书会、书友会等这样的圈子。

最后你需要选择相处舒服的圈子，并主动组局，这样才能把圈子越滚越大。

2. 别让"不好意思"害了你，要学会拒绝

67 岁的陈阿姨参加广场舞舞蹈队，认识了很多新朋友。因为陈阿姨特别热情，人也比较好说话，谁找她帮忙她都愿意，谁家有了困难陈阿姨也乐于照顾一下。久而久之，大家都知道了陈阿姨人很好说话，所以一有事就都来找陈阿姨。陈阿姨曾经也对此引以为豪，但慢慢地，陈阿姨发现自己每天越来越忙，事情越来越多，有时候三更半夜还有人给她打电话请她帮忙。渐渐地，老伴和孩子都对陈阿姨有了意见，说她自己家里都没顾好，还管那么多别人家的闲事。陈阿姨觉得自己特别委屈，她也没想到事情会变成这个样子，但是别人都找上门来了，肯定是因为相信她，她便无法拒绝别人的请求。所以陈阿姨越来越不开心，家里的矛盾也越来越多。

我相信你也曾经有过陈阿姨的感受：委屈了自己去讨好别人，但并没有得到别人的认同，反而遭人埋怨。

其实想要人人都喜欢你，这本身就是一个美好却不可能实现的理想。因为这个世界上，总有人不喜欢你，无论你做得多好，或者多优秀。如果你只是一味地付出，别人只会觉得你是一个可以被大量索取的人，而你自己也会感觉很委屈，因为你的付出不一定会得到你期待的回报。这样一来二往，你们的关系就会变得扭曲，很难维持下去。

因此，学会找借口，找理由，拒绝对方的过度索取，才能最终实现同乐。你要明白，你没有必要把不是你的责任，背在自己身上。

3. 注重人品，信任是基础

秦末汉初，韩信投奔刘邦后，因为萧何的力荐被推举为大将军，为刘邦统一天下建立汉朝立下了赫赫战功。但是刘邦做了皇帝以后，对韩信越来越不放心，就同萧何商议该怎么办。最终，设计把韩信骗到宫中杀害的，正是当初力荐他的萧何。

这就是成语"成也萧何，败也萧何"的由来。意思是，不论是成功还是败亡，都是由于同一个人。

混圈子也是一样的道理。圈子里的人是会互相影响的。等大家熟悉后，你会发现一个很有意思的现象，在一个圈子中，人品特别重要。如果你被圈子里的某个人认可，你会发现大家都愿意和你交往，也愿意和你交流更多的讯息。同样地，如果一个圈子里的人说你人品不好，那很容易让大家对你的印象变得糟糕，逐渐远离你。

在心理学中，有一个概念叫信任效应，讲的是人们会信任可信度高的信息的一种行为。这种行为的影响因素包括信息源的专长、可靠性和信誉。

所以即便在一个大家都已经熟悉的圈子里，也不要觉得什么话都可以在圈子里说，尤其是一些背后议论他人的话，更是不能说。

你若在别人背后说闲话，就容易被认为是一个喜欢说三道四的小人。听你闲话的人一边听也会一边提防你，甚至不再相信你。这种行为是得不偿失的，还会为今后种下祸根。

三个建议找到合适的圈子

确定方向+正确打开方式

学会拒绝

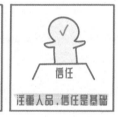

注重人品，信任是基础

15 ｜善待竞争对手，任何人都能成为你的资源

　　这个世界，没有永远的敌人，也没有永远的朋友，只有永远的利益。在政治上如此，在生意场上如此，在人际交往中更是如此。你不要误以为敌人就一定是敌人，化敌为友，有时候效果会比你想象的还要好。

　　1972 年，水门事件最早是被美国《华盛顿邮报》披露的，尼克松政府对此非常反感，于是决定以后拒绝接受《华盛顿邮报》的采访，只接受其竞争对手《华盛顿明星报》的采访。

　　收到这个消息后，《华盛顿明星报》做了一个让所有人意外的举动，他们发表了一份对外声明：《华盛顿明星报》不会作为白宫的泄愤工具来反对自己的竞争对手，如果《华盛顿邮报》的记者不能进入白宫，那么我们也将停止对尼克松政府的采访。

　　《华盛顿明星报》的这个声明得到了全世界媒体的支持和赞扬，大家都为《华盛顿明星报》喝彩，也让尼克松政府被迫改变了原来的立场。

无论是在事业上还是生活上，其实我们都会遇到相似的情况。

方杰是某县城的服装厂商，因为服装行业比较好做，方杰很快便多了几个有竞争力的对手。因为都是做服装生意的，大家的供货对象也都是本地和周边城市的一些大超市、服装店、批发商等，为了抢占市场份额，方杰经常和竞争对手进行恶性竞争，互相压价。久而久之，方杰发现自己损失巨大，因为他和竞争对手的争斗，变成了"鹬蚌相争，渔翁得利"，获益的是供货商，损失惨重的反而是自己。

我们在发展事业的路上，总会遇到很多"敌人"，也就是同行、竞争对手，很多人都会对竞争对手有着深深的对立情绪，甚至老死不相往来，但事实上，这样的做法是不合适的。如果你想做大做强，资源越铺越广，就需要多和同行交往，这样才能对自己的事业有所帮助。

我经常会提醒想要创业的学生，当你准备要创业的时候，你首先要做的就是了解你的竞争对手。通过了解你的竞争对手，你就会大概知道你未来经营的状况如何，然后也会明白市场的情况如何。通过了解竞争对手，你也会少走很多的弯路。

那如何才能从竞争对手中获得有效的支持和讯息呢？这里有3个建议。

1. 把竞争对手当作你前进的动力

生活经验会告诉你，如果你惧怕痛苦，那么你就会选择逃避，而一旦你选择了逃避，你就会发现紧跟而来的是更多的困难和折磨。因此，学会坦然面对困难，把困难当作自己前进的动力，你会发现自己慢慢变得越来越成功和优秀。

日本北海道盛产一种鳗鱼，渔村里的渔民们都以打捞这种鳗鱼为生。这种鳗鱼虽然好吃，但是只要离开深水区不到 12 小时就会全部死掉，所以几乎所有的渔民捕捞回来的鳗鱼都是死的。

奇怪的是，有一位老渔民，他每天带回来的鳗鱼都是活蹦乱跳的。由于活鳗鱼比死鳗鱼贵很多，所以没几年工夫，老渔民就成了大富翁，其他的渔民都还只是维持着温饱。

老渔民一直保守着活鳗鱼的秘密，直到临终前，儿子才从老渔民口中得知活鳗鱼不死的秘密。老渔民在整仓的鳗鱼里，放入了几条鳗鱼的天敌——鲶鱼。因为有生命危险，鳗鱼们总是处在紧张的状态中，就会不断游动躲避，这样鳗鱼的肺活量增大了，成活率也就提高了。

这便是管理心理学中的"鲶鱼效应"，应用在日常人际交往中，也是非常有道理的。古有西汉军事家韩信能受胯下之辱才成就大业，今有《哈利·波特》的作者 J.K. 罗琳能熬过多次来自生活、婚姻、事业的打击，才收获了《哈利·波特》的经久不衰。纵观历史，从东方到西方，数不清的名人，都是从对手、敌人、生活的创伤中找到了自己的方向，成就了最好的自己。

在现实生活中，你要学会感谢竞争对手，因为没有对手是可怕的。没有竞争对手，你会慢慢出现惰性，失去目标和斗志，久而久之就变成了弱者。你要学会感谢竞争对手，因为有了他们，你才会有成功的喜悦，有发展的可能。

2. 学会给对方一个台阶

美国著名的成功学家卡耐基准备参加一个重要的学术演讲，秘书莫莉在演讲前错把另一份文件当作演讲稿放进了他的公文包里。结果演讲时，卡耐基照读文件，引起哄堂大笑。

尴尬的卡耐基幽默地说："女士们，先生们，刚才只是跟大家开了一个小小的玩笑，下面我们正式进入今天的议题。"

演讲回来后，秘书莫莉问："卡耐基先生，您今天的演讲一定很成功吧？"

卡耐基说："是的，非常成功，台下掌声不断。当我从包里取出演讲稿，刚一开口，下面便哄堂大笑。"

秘书莫莉："那一定是您讲得太精彩了。"

卡耐基："的确精彩，我读的是一段如何让奶牛产奶的资料。"

莫莉的脸唰地一下红了，低声说："对不起！卡耐基先生，我太粗心了，这一定让您丢脸了吧？"

卡耐基："那倒没有，你使我自由发挥得更好，我还得谢谢你呢！"

卡耐基的宽容让莫莉无地自容，从那以后，莫莉再也没有犯过类似的错误。

要抓住别人的错误并指责是一件很简单的事情。但是这样犯了错的人不仅不会认识到自己的错误，还会在内心种下一颗怨恨的种子。但如果你能以一种宽容的态度去处理，给对方一个台阶下，对方便很容易在内心产生一种愧疚和感恩的感觉，促使对方认清自己的错误，同时也使得你们的关系变得更友善。学会宽容待人，适可而止，穷寇莫追，是人际交往中的大智慧。

3. 尊重他人的社交规则

每个圈子都有这个圈子独有的"潜规则"，而每个人都有自己独有的"雷区"。

小石是一个好奇心很重的人，所以特别喜欢去窥探别人的隐私，并且以此为乐。在学校，他曾经因为乱翻别人的东西和舍友起冲突，毕业工作后，他还保持着这种坏习惯。

午休时，隔壁桌的同事在电脑微信上和朋友聊天，小石忍不住偷偷站在同事背后看他们在聊什么。

同事发现了小石，赶紧把屏幕挡了起来，说："这是我的私事，你不要看。"

但小石却想尽办法要看，还当场大声读了出来。同事非常生气，两个人大吵了一架，被领导知道后都被扣了本月的奖金。自此之后，小石渐渐被同事们疏远了，最后小石只能选择辞职。

在心理学中有一个人际关系的概念：社交距离。这个概念说的是，每一个人都会有属于自己的空间距离，而这个空间距离，也是人与人之间的心理距离。

每个人的空间距离都应该被尊重，一旦你闯入了对方的领地中，对方肯定会感到不舒服，这样就会产生矛盾，破坏两人之间的感情和关系。想要避免闯入别人的领地中，你需要放下自己的好奇心，不要过度关心他人的隐私。放下自己的得失心，不要过分计较得失，这样才能更好地帮助自己塑造良好的社交形象，赢得他人的尊重和友谊。

同样地，每个圈子的形成，都有它潜在的"规则"，这个"规则"也是一种社交空间，如果你要在圈子中获得更多的认同和发展，就需要尊重圈子的规则，而不是随心所欲，放纵自己。

Part4

提升自己，快速吸引有效社交

16 ｜提升自我价值，高端资源会自己来找你

初入职场的任杰因为业务不熟悉，经常会去请教那些有能力的同事。虽然任杰很谦虚也很真诚，但是对方总是不太热情，有时候甚至会懒得理他。

任杰也不知道为什么，直到有一天他无意中听到这些同事私下聊天："这个任杰太虚伪了，每天到处讨好我们，还不就是为了学到更多东西，有更好的业绩吗？他有业绩了对我们有什么好处，大家不要理他。"

任杰非常生气，但无奈自己是新人，于是下定决心一定要让自己更强大，这样才能让他们对自己刮目相看。

任杰开始花更多时间研究公司的产品和业务技能，报了很多相关的培训班。过了3个月，任杰的业务能力突飞猛进，业绩一直保持公司第一。一年后，任杰被提升为业务经理，有了自己的办公室。

每个人都希望能和比自己强的人搭上关系，但是在你没有实力和价值的时候，你往往会发现，自己的热情只是贴了别人的冷屁股。

而让他人对你另眼相看的唯一方法，就是让自己拥有足够匹配高端资源圈的能力。

否则，当你很想接近某个社交圈子，等到好不容易进入了，结果对方发现你没有什么能耐，也只会把你晾在一边。同样，如果有一个总是向你寻求帮助却不能带给你任何帮助的人，时间久了，你也一样不想理会他。因为帮助他，你需要花费非常多的时间和精力，且没有回报，这样的关系通常无法持久。

所以，要获得成功，要得到他人的注意和重视，你需要明白以下3个重点，为成功做好准备。

1. 有一定的学识

鲁国有一位思想家王骀，他的学生和孔子一样多。孔子的学生常季不服，于是请教孔子，为什么王骀这么受欢迎？

孔子说："因为他坚定自己的观点，对于看什么不看什么，听什么不听什么，他都无所谓，不存在好不好、合适不合适的问题，他的内心很和谐。就连自己是否身体有残疾都不要紧，因为他的内心很圆满、很充实、很平静，也因此感召了他的学生，吸引了众人追随他。"

常季这才恍然大悟。

思想家王骀的故事很好地说明了一个道理，人的魅力不完全来自容貌，更多的是来自内在的力量。这种内在的力量，就是你的学识。腹有诗书气自华，当你拥有了学识，你就像一块磁铁一样，不断吸引更多的人跟随你。

2. 注重形象管理

1995 年的冬天，杨澜的面试再次失败了。面试官说她的形象和简历上所描述的不相符，而拒绝继续向杨澜提问。但是杨澜并没有觉得自己的形象有什么问题。

杨澜当时的房东莎琳娜太太是一个非常苛刻的女人。她规定杨澜不穿戴整齐就不准进入她的客厅，有客人来访的时候，杨澜必须涂口红。杨澜不以为然，以至于有一天被房东大声斥责了。

杨澜非常愤怒地冲进了附近的一家咖啡馆。她对面坐了一位英国老太太，她看起来比莎琳娜更加讲究，就像伊丽莎白女王一样尊贵与精致。而杨澜自己却穿着宽松的睡裤和运动鞋。

侍者走开后，对面的老太太并不看杨澜，而是从旁边拿了一张便笺写了一行字递给杨澜，上面用漂亮的英文字体写着：洗手间在你的左后方拐弯处。

杨澜抬头看她，她正以非常优雅的姿势喝咖啡，而没有看自己，杨澜感到非常尴尬，于是灰溜溜地走进了洗手间。

在洗手间的镜子里，杨澜看到自己凌乱的头发、脸上的面包屑和看起来廉价的衣服。此刻杨澜才发现，自己这样的打扮有多么不尊重自己，以致别人觉得自己其实也不尊重他们。杨澜开始有点明白那位面试官拒绝自己的原因了。

当杨澜再回到座位的时候，那位英国老太太已经离开了，只是便笺上多了一段漂亮的英文字：作为女人，你必须精致，这是女人的尊严。杨澜逃离了咖啡店。

如今总是穿着得体、脸带微笑，出没于各种场合的杨澜，已经是中国职业女性的典范。每每在公开场合分享自己的这段故事时，她都会非常真诚地提醒所有人，形象需要先走在能力前面，因为他人没有义务透过你邋遢的外表，去发现你优秀的内在。

3. 持续投资自己

人生最好的投资是什么？股神巴菲特曾在公开演讲中说："最好的投资，就是投资你自己。没有人能够夺走你内在的东西，每个人都有自己尚未使用的潜力。"这世上唯一靠谱的投资，不是那些看似来钱快的项目，而是投资在自己身上的时间和精力。这个投资包括你的身材、学识和认知。管理好身材和容貌可以帮助你建立好的人际印象，增加学识可以帮助你打开眼界、提升涵养，扩展认知可以帮助你更高效地解决问题。不管外界如何变化，在自己身上的投资，能让自己永远保持增值。

同时，因为你的不断突破和提升，你接触的圈子也会越来越多，交往的群体也会越来越高端，自然而然，你身边的资源也就会越来越多了。

17 ｜找到自己的优势，吸引高质量社交圈

小美是一个直播卖服装的博主，在 5 个月内就拥有了几百万粉丝。

小芳很好奇地问她："你是怎么做到的？现在在网上卖衣服的人那么多，风险这么大，就不怕亏本吗？"

小美笑着说："怕啊，但是相比其他商品，卖衣服更符合我的优势。"

小芳又问："那你为什么不做美妆呢？美妆现在这么火。"

小美说："现在有很多厉害的美妆博主，要和他们竞争是很困难的。服装行业的竞争反而还没有那么激烈。而且我本身是读服装设计专业的，在服装行业有很长时间的积累，也有不错的供货渠道，所以，我发挥了自己的优势，这样更容易成事。"

小美的故事告诉了我们一个非常重要的讯息：专业的事情，交给专业的人去做。如果你和专业的人合作，那1+1就会大于2。

当今社会对于个人专业和优势的要求越来越高。在这种情况下，

找好自己的定位，并突出自己的优势，才能在群体中大放异彩。那怎么做才能找到自己的定位和优势，并充分发挥自身的优势的作用呢？这里有 3 个建议。

1. 给自己做个自我分析

在美国 101 国道上有一块很明显的广告牌，广告牌上的内容是：100 万海外人士都能胜任你的工作，你有什么特别之处？

这个特别之处就是你的优势。当你能找到自己的特别之处后，你才会知道自己能干什么，要干什么。

如果你还不知道自己有什么特别之处，那么你可以试试以下两个方式。

（1）准备一张纸和一支笔，列出自己的优点，不少于 10 个。写出自己擅长做的事情、做得不错的事情、很喜欢或者是很感兴趣的事情。

（2）去问问你身边的人，越多越好，问他们对你的评价和印象，具体描述。比如你可以问他们：你觉得我是一个怎么样的人？你觉得我有什么优点是让你印象深刻的？为什么？

通过自我分析和他人分析，把两者结合起来，你便可以找到自己没有发现的优势。

2. 给自己制订一个长期目标

哈佛大学曾经做过一次长达 25 年的跟踪调查，调查的对象是一群智力、学历、环境等条件差不多的年轻人。

调查中，这群年轻人有 27% 是没有目标的，60% 是目标模糊的，10% 的人有清晰但比较短期的目标，只有 3% 的人有清晰且长期的目标。

25 年的跟踪研究结果显示，有清晰且长期目标的人，几乎都成了社会各界的成功人士，他们中不乏行业领袖、社会精英。

有清晰短期目标的人，大都生活在社会的中上层。他们的短期目标不断达成，生活状态稳步上升，成为各行各业不可或缺的专业人士。

目标模糊的人，几乎都生活在社会的中下层，他们能安稳地生活与工作，但都没有什么特别的成绩。

剩下的那些没有目标的人，则几乎都生活在社会的最底层。

没有哪一个成功的例子，是不经过长期坚持就可以实现的。就算是 2019 年的顶流"美妆达人"李佳琦，也不是某一天动动嘴皮子就马上成功的。没有前面 6 年的化妆专业课的铺垫，没有 3 年在柜台卖口红的历练，他也获得不了现在的成功。

人们往往会高估自己在短期内取得的成绩，但会低估坚持 10 年后的可能性。当你选择一个定位后，坚持朝着这个目标努力，就一定可以做出成绩。

3. 把长期目标拆成一个个小目标

如果你每天都盯着那个长期目标，比如说你的目标就是成为顶流主播，年收入千万，买下一栋上亿的豪宅。那我告诉你，你可能会变得越来越不想动，因为你会觉得那个目标实在太遥远，无从下手，不知道自己当下应该做什么。所以我给你的建议是，把这个巨大的目标拆成一个个小目标，同时罗列出实现这个小目标需要的资源和能力，然后再一个一个实现你拆出来的小目标。

在完成你拆分出来的目标后，你会发现自己变得更加自信，也更加有信心继续往前走。你可以想象一下，假设你想成为顶流主播，将目标拆解后，你第一周的直播目标是增加 50 位粉丝，如果你发现第一周关注你的粉丝有 51 位，那你是不是会更有信心继续努力？

假设第一周你的粉丝没有达到 50 位，那你就要去思考，自己直播前期是否没有做好宣传工作？还可以怎么做宣传？是邀请更多朋友来看自己直播，还是找一些平台合作，让他们帮忙推广……长此以往，你会发现，失败并不可怕，失败是成功的基础。

你的每一个小目标的实现，都是迈向最终成功的重要指路牌。

用三个建议，找到自己的优势

给自己做自我分析

给自己制订一个长期目标

把长期目标拆成多个小目标

18 | 个人品牌差异化，让他人印象深刻

蚂蚁集团的招股文件显示，支付宝服务超过 10 亿用户和超过 8 000 万商家。截止到 2020 年 6 月 30 日的 12 个月内，蚂蚁集团支付宝的月度活跃用户由 2017 年 12 月的 4.99 亿名增加至 2020 年 6 月的 7.11 亿名，年度活跃用户超过 10 亿，月度活跃商家 8 000 万。

这么大的生意，支付宝是怎么得来的呢？一开始就想让客户白白把钱放到你这里，那真是太难了。于是，支付宝做了一个决定，致力于保证淘宝买家的利益。因为淘宝是一个商品交易平台，在交易过程中，会产生一些购买问题，如果没有支付宝平台提供第三方保障，那买家的利益就容易受到损害。而这个保障的具体表现是：当买家确认收货无误后，这笔钱才会由支付宝转到卖家那里。这样也可以最大限度保障双方的权益。

支付宝这个决定直接导致了支付宝与其他支付平台出现差异化，还引得不少平台借鉴它的平台机制。

虽然这个案例讲的是企业的品牌，但是个人品牌也是一样的道理。可能你会好奇，个人也需要品牌？答案是肯定的。举个例子：

你情商很高，沟通能力很好，很擅长处理冲突和能快速安抚他人情绪。那公司遇到一些客户投诉或者一些员工纷争的时候，领导第一时间就会想到你，因为你有一个让人印象深刻的标签：你很擅长处理冲突危机。这个标签就是你的个人品牌。个人品牌从某种层面来说，就是别人对你的深刻印象。

知道了个人品牌是什么，那怎么样才能找到自己和别人的差异之处，从而为自己吸引来更多的匹配资源，带来成功呢？你需要明确以下 3 点。

1. 定位特征

每个人都有自己的定位特征，所谓的定位特征就是，你想在别人面前让别人觉得你是一个怎么样的人，可以提供什么价值的人。比如医生的定位特征就是一个救死扶伤的人，销售的定位特征就是一个卖东西的人。

如果你不清楚自己的定位特征，这会使他人也不清楚你的价值所在。比如你明明是一个卖美妆的，却一直在给别人介绍哪所房子不错，导致别人还以为你是一个房产中介。

别人一想到你或者一见到你，就知道你可以提供什么价值，这就是最能反映你与别人不同的地方。

比如医生有不同专业的医生，销售有卖不同东西的销售。牙医专注于医治牙齿，没有人会找牙医医治颈椎病；美妆销售推荐各种美妆产品，不会有人去听一个美妆销售的建议去买房子。因为专业的事情要交给专业的人去做。

2. 差异化

满足了你能给对方带来价值这个基本需求后，别人就会开始思考，我为什么选择你而不选择其他人？

如果没有非常牢固的关系，影响一个人做决定的最主要的因素就是你和其他人的不同，也就是差异化。你有他人没有的东西，哪怕只是一些细微的差异，也很可能会极大地影响到别人对你的选择。

举个例子：A 和 B 同样是卖衣服的销售人员。A 是一位喜欢看国际服装杂志，自己也很爱打扮的销售人员，B 只是一位普通的销售人员。如果你是他们的客户，你会选择听哪一位给你推荐的衣服呢？

我相信多数人都会选择 A，因为 A 显得更有品位。A 的品位体现在她喜欢阅读服装杂志，喜欢打扮自己这两件事情上。虽然好像她喜欢看服装杂志、喜欢打扮自己和你并没有关系，但是一旦你需要一些购买服装的建议，一定会优先考虑她的建议。差异化的作用就明显地体现出来了。

3. 证据与证明

对于一个拥有个人品牌，也有差异化特色的个体而言，你还有一个不可或缺的部分，就是证据与证明。

什么是证据和证明？证据和证明包括但不限于资格证书、个人经验、用户反馈等。

举个例子：假设你想买一些帮助自己提升人际关系能力的书籍来学习，如果你知道身边有人看过这样的书，一定会先去问问他是否有推荐。如果你身边没有看过此类书的人，或者你不知道有谁看过，那你可能会上网去搜一下，看看网友是否有推荐，或者你会去看看电商平台上，大家对此类书的读后感如何。

这些讯息，全部都是证据与证明。而作为个人品牌，你的证据与证明就是你的口碑。如果大家都说你是一个做事靠谱、为人真诚的人，就会有更多人希望能和你交往。

怎么样才能为自己创造更多更好的证据证明呢？只需要做到以下 3 点。

（1）把你所拥有的资格证书及个人学习证明用手机拍照整理，并且能在他人需要的时候，快速呈现出来。

（2）每次给予他人帮助或者支持后，请对方给你一个反馈，并截图保存，以方便后期用于介绍自己。

（3）利用各自的媒体平台，比如朋友圈、知乎、小红书、知识星球等，发表个人的经验总结或推荐等。

19 │讲好"故事"，让好资源更快发现你

1985 年，有一位用户向海尔公司反映所购买的电冰箱有质量问题。海尔首席执行官张瑞敏突击检查仓库，结果发现仓库中不合格的冰箱有 76 台。当时有人提议，将这些冰箱作为福利送给本厂的员工。

在很多员工十分犹豫的时候，张瑞敏却做了一件让大家震惊的事情，他在一个全体员工大会上，要求生产这 76 台冰箱的员工，把这 76 台残次品全部当众砸掉！

听到张瑞敏这个决定，很多老员工当时就哭了，因为当时物质紧缺，别说合格产品，就算是残次品，也是需要凭票购买，这样糟蹋东西，大家都心疼。连海尔的上级部门主管都有点接受不了。

但张瑞敏说，如果保留这些产品，就是没有质量意识！我们不能用任何姑息的做法来告诉大家可以生产这种有缺陷的冰箱，否则今天是 76 台，明天就可能是 760 台、7 600 台……所以必须强制执行标准！

也因为张瑞敏的坚持，海尔"一砸成名"。大家都认为海尔就是品质有保证的代名词。海尔就此走向了家电行业的龙头位置。

从另一个角度看，海尔之所以能因为张瑞敏这一砸而走红，是因为这件事情经过了全厂员工的口口相传。在那个没有互联网的时代，要让很多人知道自己，显然是一件困难的事情。但现在有了互联网，要让很多人发现自己，仍是一件非常困难的事情。前者是因为媒介覆盖面少，后者是因为曝光的途径太简单了，所以和你抢流量、抢关注度的人也多。因为人只有一双眼睛，一个大脑，无法同时关注几个人，看多条信息。

这个现象提醒了我们一点，要让人看见你、知道你、了解你，你需要有一个让人记住的"故事"。

一个好的故事，会包含目标、障碍、努力、挫败、意外、转折和结局等要点。这是好莱坞大片的常用套路，也是大家喜欢它的原因。因为这就像我们所期盼的，经历苦难最终获得成功的人生历程。

要拥有一个属于自己的故事，你必须要具备以下几点。

1. 原来是一个怎么样的人

简单来说，就是能让别人和你产生共鸣，比如你曾经是一个非常自卑的人，或者是一个在低谷中挣扎的人。

你可以把自己的一些信息记下来，并且在整理的时候，去寻找品牌的故事灵感。

2. 为什么要做这件事

清楚是什么促使了你去做现在正在做的事情，这样可以让别人对你所做的事情产生认同。

3. 遇到了什么困难，如何面对和解决

做这件事情的过程中，你遭遇到了什么困难和挫折，比如被嘲笑、打击、背叛、破产……你是怎样面对这些挫折的，怎样重燃希望和信心的。这些可以让别人对你的经历产生理解和感同身受。

4. 现在的成就如何

通过你的努力，你终于获得了什么样的成就。

5. 给其他人提供帮助

让大家一起加入，来到你的身边，你会和他们一起去实现成功，欢迎大家来连接你。

当这个故事有一个鲜明的主题（改变命运的故事），一个普通但又具有个性和辨识度的主角，一个充满各种挑战的故事情节时，大家便会对它印象深刻，也会对你印象深刻，看到你所坚持的东西。

当我们有了一个好故事，我们怎样才能把这个故事传播开呢？你需要知道以下几个有利于传播的方式。

1. 长篇故事比短篇故事更容易传播

和需要凝练的广告词不同，相对于短小的故事，长篇故事更容易被传播。因为长篇故事中，更多细节容易引起大家对于故事主角的关注。比如一有上热搜的新闻，各大自媒体就蜂拥而至，内容层出不穷，即使主角不变，故事内容不变，大家只是从不同的角度去讲述同一个人的同一个故事，人们还是会一次次买账，只是想着从其中挖掘更多的细节。

2. 巧用照片和图片激起人们的情绪记忆

一张照片胜过千言万语。人类是视觉动物，所以视觉的重要性不言而喻。巧用图片可以加深人们对故事的理解和记忆。

3. 丰富的细节描写让大家感同身受

学会说好你自己的个人故事，你的影响力就会越大。因为好的故事本身就具有传播性，也会引起更多人的关注。

20 ｜制订双赢方案，维护高质量人际关系

从前，有两个饥饿的人得到了一个长者的礼物，其中一人得到了那篓鲜活的鱼，另一个人得到了一根鱼竿。

得到鱼的人马上把鱼煮了，吃了个精光。但他不久之后，便饿死在了空空的鱼篓旁。

另一个拿着鱼竿的人，还没有走到海边就没有了力气，离开了人世。

还有另外两个饥饿的人，同样获得了一根鱼竿和一篓鲜活、硕大的鱼。但这两个人没有选择各奔东西，而是商量着一起去找寻大海。他们每次只煮一条鱼共同分享。经过长途跋涉，他们终于来到了海边，从此开始了以捕鱼为生的日子。几年后，他们拥有了自己的渔船，还有了爱人、孩子和房子，过上了幸福的生活。

合作才能共赢，尤其是在这个人与人密切联系的时代。"石油大王"阿曼德·哈默曾经有一句名言："关照别人就是关照自己。那些总想在竞争中出人头地的人如果知道，关照别人需要的只是一点点

的理解和大度，就能赢来意想不到的收获，那他们 定会后悔不迭。关照是一种最有力量的方式，也是一条最好的路。"

一个做农业种植研究的公司研究培植了一种水果，这种水果香甜爽口，而且营养成分很高，所以销路非常好，价格也越来越高，这个公司也因此赚了不少钱。但是第二年，公司发现这种水果的销量直线下降。经过实地调查，公司发现原来在果树开花的时候，蝴蝶把其他果农的果树的花粉传到了自己家的果树上，不同品种的花粉杂交后，水果的质量就下降了。

为了解决这个问题，公司想让其他果农都种他们研发出来的这种果树。但是如果要让果农们放弃自己辛苦种了那么多年的果树，他们肯定是不愿意的。所以这个公司的主管想了一个办法，他把自己培植出来的果树的种子送给了这些果农。能免费得到销路这么好的果树种子，果农们非常高兴，马上就开始种植新的果树种子了。

后来，由于这些水果品种质量非常好，销路一年比一年好，这些果农们都因此变成了有钱人，这个公司也变得越来越大。

如果当初这个公司没有制订这样一套双赢方案，到了最后，一定无法获得这样好的结果。在商界有一句老话：当你制订了一套双赢方案，而对方感觉你给他们带来了利益时，那么他们一定会心甘情愿地帮助你。

所以，学会制订双赢方案，会让更多人心甘情愿地帮助你。人与人的交往，很多时候是基于利益，而当你让别人知道你身上有可以帮助他的地方，有他所需要的利益时，他才会更乐意与你交往，更乐于帮助你。

要拥有双赢的结果，你需要拥有双赢的思维，建构双赢思维，有 3 点是你需要知道的。

1. 分辨人际交往模式

里宁最近发掘了一个新客户，在谈价格的时候，对方要求降价 5%，里宁坚持最多只能让 3%。最后，一人各让一步，在降 4% 的价格上达成一致。这个例子中，你觉得最后的价格方案是双赢的方案吗？答案是否定的。因为对双方而言，他们都没有达到预期的目的，双方都不满意，是一种双输。

而要实现双赢，你需要分辨你目前人际交往的模式是怎样的。一般人际交往模式分成 6 种：利人利己、损人不利己、损人利己、独善其身、舍己为人、好聚好散。

在生活中，我们经常可以见到的人际交往模式是：舍己为人、损人不利己和损人利己。但事实上，这 3 种模式都不属于双赢的状态。就比如舍己为人，我们经常可以听到一句话："我为你付出了这么多。"这种舍己为人的做法看着很伟大，你也的确做了很多付出，但其实是你在用"受害者心态"来绑架其他人，最终达成自己的目的。

又比如损人不利己的交往模式，往往用的都是两败俱伤、杀敌一千自损八百的方式。而损人利己更是一种非常自私，只考虑自身利益的行为。以这种方式行事的人，有着极大的局限性，也不会被人喜欢和信任。

而独善其身和好聚好散，都是一种高高挂起、与我无关的态度。唯有利人利己才是共赢。

要做到利己利人，实现双赢。第一步必须是带着想要实现双赢的意识，去分辨自己当前的人际交往模式正处在一个什么样的模式中。

2. 拥有双赢的品质

有记者曾经采访李泽楷："你的父亲李嘉诚是否教会了你赚钱的秘诀？"

李泽楷说："父亲从没有告诉我赚钱的方法，只教了我一些做人处事的道理。父亲叮嘱过，你和别人合作，假如你拿七分合理，八分也可以，那我们李家拿六分就可以了。"

从李家的家风可见，李家的生意之所以能越做越大，正是因为李嘉诚深深明白双赢才能持久，利他就是利己，所以才会有很多人愿意和他合作。

李家家风体现了双赢品质的 3 个重要核心。

（1）诚信

以此为自身的价值观，信守承诺。

（2）成熟

敢作敢为的勇气和自信，与人为善的开阔胸襟，二者为一体。

（3）知足

不贪，利益共享，给共同的关系营造安全感。

这样的双赢品质，等于给关系建立了一个情感账户。双方的关系是否可以长久，取决于这个账户内的资金是否充足，当双方能以诚相待、互相信任、勇于担责时，情感账户的资金才会越来越充足，形成双赢的局面。

3. 制订双赢协议

蜜獾和导蜜鸟是大自然中一对实现共赢的好伙伴。它们常常相互合作，共同捣毁蜂巢。野蜂常把巢筑在高高的树上，蜜獾不容易找到它。而导蜜鸟目光敏锐，每当它发现树上的蜂巢后，就会去找蜜獾。

为了引起蜜獾的注意，导蜜鸟往往会扇动着翅膀，做出特殊的动作，并发出"嗒嗒"的声音。蜜獾得到信号，便匆匆赶来，爬上树去，咬碎蜂巢，赶走野蜂，吃掉蜂蜜。

导蜜鸟站在一旁，等蜜獾美餐一顿后，再去享用蜂房里的蜂蜡。

蜜獾和导蜜鸟的协作，高度契合了实现双赢的 5 个步骤。

（1）预期结果：确认目标和时限，方法不限。

（2）指导方针：规定双方的权利、义务，实现目标的原则、方针和行为限度。

（3）可用资源：确定可以利用的人力、物力、财力。

（4）任务考核：建立业绩评估标准和时间。

（5）奖惩制度：根据任务考核确定奖惩措施。

找准自己的人际交往模式，利用双赢品质，创建双赢协议，最终实现双赢目标。这样才能让更多高价值的人愿意与你建立合作关系。

抓住三个要点构建双赢思维

Part5

不焦虑不委屈，轻松构建高效社交

21 | 先改变自己，再改变关系

　　一对白人夫妻和他们的女儿从喜来登酒店出来，突然一阵大风把小女孩的帽子吹走了，6 岁的小女孩立马飞奔到马路上去追自己的帽子。

　　这个时候，一辆巴士正迎面而来。酒店的黑人门卫见此立即冲了过去，一把抱起孩子滚到了路边，才化险为夷。

　　有趣的是，这件事激发了人们截然不同的反应。

　　门卫的妻子对门卫的这个行为暴跳如雷，认为他不应该做这么危险的事情，应该把自己的家庭放在第一位。

　　门卫的好兄弟也表达了不满，他认为冒着生命危险去救一个白人儿童是不值得的，即使冒险，也应该是为救自己的同胞而冒险。

　　而酒店的老板对这个黑人门卫的行为大加赞赏，认为这个门卫做了一件非常无私的事，并且在圣诞节的时候，给了他一份丰厚的圣诞奖金。

　　教会的牧师知道这件事之后，对所有的信众称赞门卫的英勇行为："这是一个拯救世界的人，因为你们谁也不知道，那个孩子长大后是能成为救死扶伤的医生，还是保家卫国的军人，又或者是运筹帷幄的领导。"

你发现了吗？同一件事情，却激起了不同的反应，这说明了一个道理，每个人看待这个世界的方式都是不一样的。客观现实是什么不重要，重要的是你用来判断事情的价值观是怎样的。这样我们就能理解，为什么在妻子的眼中，黑人门卫是自私的；在老板的眼中，他却是无私的；在朋友的眼中，他是愚蠢的；在牧师眼中，他却是英勇的。因为这一切，都是个人的价值观在起作用。同样，价值观也无时无刻不在影响着你。

所谓个人的价值观，指的是你相信什么，你愿意做什么，以及你是如何去理解这个世界的人与事的。比如面对老板的时候，"我认为"我不应该上前和老板说话，"我应该"躲在一个角落里头，做一个寂寂无闻的隐形人就好了……这些"我认为""我应该"就是你的价值观，是一种不断被强化的自我约束的因素。同时，它会影响着你的行为模式及人际关系。

当这些消极的"我认为""我应该"在影响你的时候，你会对自己的消极行为产生一个合理化的解释。因此，想要真正变得更好，你首先需要改变自己的消极想法，努力让自己变得更积极和主动。

怎么样才可以改变自己呢？以下有 3 个建议。

1. 找到自己的榜样

首先问自己，人际关系对你而言有什么意义，然后给自己寻找一个榜样。比如，你觉得哪一位朋友或者你认识的人的人际关系是让你羡慕的？名人又或者电影角色身上的哪些地方是你想模仿的？请把这些写下来，然后告诉自己，你已经有了可以模仿的榜样，只要你去模仿他，你就有可能成为和他一样的人。

2. 改变前的准备

（1）从默默删除 3 个你从来没有联系过的人的电话号码或者联系方式开始，然后选择 1 个你认为最重要的联系人，完善他的详细情况。比如他的职业、公司、你们在哪里认识的等。

（2）建立人际关系清单，把联系方式里的所有人根据你的需求分成 3 类。比如，第一类：确定可以帮到我的。第二类：可能可以帮到我的。第三类：完全无法帮到我的。

（3）寻找 3 个可以招待朋友的地方。可以是一些好吃的餐厅，有特色的音乐会或者有趣的宠物咖啡厅等，甚至是一些脚底按摩或者盲人按摩、针灸中医馆都可以。

（4）给自己写一段有趣的自我介绍，以防朋友突然给你介绍新的朋友。

（5）提前准备一些不贵但是有趣的小礼物，可以在每次和朋友外出时，或者参加朋友聚会时，送给朋友或者新朋友。

（6）记住朋友的生日，哪怕没有及时送上礼物，也可以送上祝福。

（7）出差回公司的时候，顺带捎一些小礼物或者小茶点送给朋友。

（8）记住朋友孩子的名字，偶尔也可以聊聊对方孩子的近况。

（9）学着策划一次别开生面的聚会，比如睡衣派对、炸鸡啤酒小聚等。

（10）做好给每个好朋友一个拥抱的心理准备。

3. 主动联系

（1）联系很久没见的朋友，告诉他们你的近况，表达希望能和他们小聚的期待。

（2）成为聚会的大管家，不要让"随便"成为你的口头禅，主动提出聚餐的地点。

（3）在社群里添加3个新好友。主动给对方发自己的简介，感谢对方愿意和你产生连接。

（4）主动表达赞赏和感谢，发现别人的闪光点。

（5）主动帮助朋友牵线搭桥。比如给单身的朋友做介绍，给寻找资源的朋友做介绍等。

（6）联系欠你钱的人，了解一下对方的近况如何。

（7）列出你收过的很棒和很差的礼物清单，以便你下次在给别人送礼物的时候，可以有所借鉴或者避开雷区。

（8）每天花 15 分钟和家人聊天，无论是父母、爱人还是孩子。

（9）分享有用的信息，比如给朋友发他可能会感兴趣的招聘信息，好吃的餐厅的地址，与对方相关的工作资讯或者书籍、电影的名称等。

（10）赞同对方的观点，同时表达自己的观点。心理学提到一个重要的人际关系概念：你认识一个新朋友，只要花 30 秒在他身上，试着赞同他所说的话，并且与对方产生共鸣，你会发现，你们之间会产生正向的化学反应。如果你在赞同对方的前提下，还能提出自己的观点，你们双方的正向化学反应会倍增。

当你能做到以上这些时，你就发生了改变，你的人际关系也会开始发生变化。

22 | 保持距离，人际关系更自在

黎莎是公司的一个业务经理，陈莉是公司的一名新员工。两个人的年龄相仿，因为接触的时间长了，双方又有很多共同话题，于是逐渐变得熟络起来。

黎莎经常在周末邀请陈莉到家里做客或者外出聚一聚。时间久了之后，黎莎发现有时候自己邀请陈莉时，陈莉会面露难色，虽然陈莉表现得并不明显，但黎莎是做业务出身的，察言观色的能力非常强，她发现了陈莉的这种情况后非常不解。一次她来找我聊天，提起了这件让她困扰的事情。

我让黎莎安静下来，好好梳理一下自己和陈莉的相处情况。黎莎这才恍然大悟，原来陈莉只是把她当成了一个关系很好的同事，黎莎却把她当成了闺密，想把她拉入自己的生活圈中。

其实她和陈莉的相处没有什么问题，只是大家对于彼此的"定位"不同而已。当黎莎意识到这个问题后，退回到了"好同事"的状态，有什么好的培训或者课程等，会邀请陈莉一起参与，但是再也不会约陈莉周末或者下班后一起小聚、逛街了。恢复到这样的关

系模式后，黎莎明显感受到陈莉更放松，也更开心了。以这样的心态共处后，两人到最后还真成了闺密。

在黎莎的故事中，有 4 个点我们需要注意一下。

1. 明确交往的不同阶段

（1）人与人的交往是存在阶段性的。不同阶段，交情有深浅之分，不能一概而论。

（2）如果两人在关系中给对方的定位不一致，那么在相处的时候，双方就容易出现误解或者冲突。就像黎莎和陈莉，黎莎把陈莉当成了闺密，但是陈莉只是把黎莎当成了一个好同事。大家对于在同一段关系中的定位不同，导致了双方都出现了心理落差，双方都对彼此感到失望。

（3）人际关系的阶段是会变化的。比如，有些人上一分钟关系还很好，但是下一分钟就因为一些事情翻脸。又或者好久没联系的泛泛之交，也会因为一个偶然的原因，变成无话不说的好朋友。

所以你需要明确在这段关系中，你的位置在哪里，对方的位置又在哪里，这样你们才能知道怎样与对方相处。如果你对所有人都一视同仁，那不仅会让自己耗费太多的精力和时间，也会让自己非常疲劳，产生心理落差，造成困扰。

2. 保持适当的人际关系距离

有一个心理学家曾经做过这样一个实验，在只有一个阅读者的阅读室里，心理学家直接拿了一张椅子坐在他的旁边阅读。这样的实验操作了近百次，无一例外，没有任何一个人能够容忍一个陌生人紧紧挨着自己坐下。当心理学家坐下后，有很多被试者都会默默地移到别的地方去坐，有些人甚至直接问："你想干什么？"

这就是人际关系距离的问题。这个实验给出的结论是，没有人能容忍他人随意闯入自己的空间。人与人之间需要保持一定的空间距离，即使是最亲密的两个人之间也是一样的。

任何一个人，都需要有一个自己能掌握的自我空间，就像刺猬一样。刺猬是群居动物，天气冷的时候，它们会彼此靠拢在一起，但依然会保持一定的距离，因为距离太近了，就会刺到对方，但如果距离太远就无法达到取暖的效果。所以刺猬们会找到一个适中的距离，既可以互相取暖，又不会被彼此刺伤。

在人际交往中，懂得"刺猬理论"是非常重要的。日常生活中，很多人会误认为，自己和别人的交往越亲密越好，但其实不然，如果你不注意保持距离和把握分寸，那你就很容易在人际交往中受到伤害。所以不要因为好奇去窥探别人的隐私，揭人伤疤，甚至到处宣扬别人的隐私。

过度热情也是错，别忘了一个"度"。你只有找到了和别人交往的适中距离，才能保持人际关系的和谐与平衡。

3. 避免无效社交

假设你着急要去办事，这时突然出现一个人拉着你一直聊天，并且说的都是些无关紧要的闲话，那你会不会继续和对方聊？如果朋友邀请你去参加一个你不感兴趣，还可能会占用你整个晚上的活动，你会不会答应邀请？

这些都是社交，但这些都属于无效社交。那怎么分辨有效社交和无效社交呢？

无效社交指的是，对你没有帮助，不能让你正在进行的事情得到发展，也不能让你心情变得愉悦，只是在浪费你的时间的社交。

有效社交指的是，你在这个社交中能够有所获，无论是对事情发展的推进，比如获得资源，了解新的动向，还是对个人的成长有帮助，比如对某些观点的感悟和思考，或是让你感觉到心情愉悦，比如可以进行有趣幽默的对话等。这些都属于有效社交。

简单而言，无效社交是浪费时间的交往，有效社交是有收获的交往。

但有些人是你不愿意交往却一定要交往的，比如难缠的客户、难搞的领导、孩子的老师。或者还有一些你不想去但必须去的场合，比如一些峰会、协会交流等。尽管这些场合的社交会让你感到不舒服，甚至让你变得过度谨慎，但这些不得不去参与的社交也属于有效社交，因为这些社交对你的后续发展是有帮助的。当你要去衡量一个人值不值得交往，衡量一件事情值不值得去做的时候，你就可以利用以上标准进行评估。

4. 社交目标根据社交对象改变

不同的社交对象，当然需要有不同的社交目标。举个例子：对于客户，你是想要和他深交，还是只维持一个稳定的合作关系就行？

如果你是要和他深交，那你要做的是什么？是在各方面对他多有帮助，还是要让对方了解你这个人有哪些优点？

如果你是想和他维持一个稳定的合作关系，那你是只要和他保持礼节上的往来，还是要考虑到对方会是你的一个重要资源，而刻意和他深入交往？

无论是什么样的对象，你都需要先在心中有一个判断：我和他／她之间将要发展一种什么样的关系，这种关系要控制在什么度之内。有了目标，才会有针对目标去实现的方案。

有些人和他人交往是为了得到对方爱的回应，有些人是为了增加资源，有些人是为了把事情做成。无论是什么目标，通过目标去调整自己和他人交往的"度"尤为重要，也就是要把"刺猬理论"用好。

不过，社交目标也会随着社交关系的阶段变化而变化。举个例子：早些年你和你家孩子的幼儿园园长的关系比较好，这是因为你需要她在学校中尽心照顾你的孩子。但是等到孩子毕业了，你依然与园长保持着良好的关系，那就不是为了孩子在幼儿园得到好的照料，你此时的社交目标有可能是积累关系资源；又或者这些年你在与园长交往的过程中，觉得园长的性格和你很契合，你们慢慢变成了好朋友、好闺密。这时你们的交往目标又不一样了。

当你能掌握主动权时，你就能决定你们关系的开始与结束。因此确定社交目标，是你可以掌握主动权的首要条件。这也是社交规则中非常重要的一点。

如果你不懂人际交往的规则，那么最终会受伤和感到挫败的人只能是你自己。所以，懂些人际交往的规则，会让你越来越受欢迎，在人际交往中更加如鱼得水。

23 ｜你越"值钱"，你的人际圈子越优质

连任两届美国总统的奥巴马，背后的社交圈资源可谓强大无比，但其中有一个人非常特别，她就是时尚杂志《Vogue》美国版的主编安娜·温图尔，英国籍。

温图尔是奥巴马的坚定支持者，在奥巴马竞选连任的过程中，她不但自掏腰包给奥巴马捐款，还曾经组织过几次非常成功的筹款活动，为奥巴马筹集到了数额巨大的竞选资金。此外，她还扮演着类似奥巴马形象顾问的角色。她邀请了许多设计界的朋友，为奥巴马量身打造了一批高端配饰。在这些配饰的衬托下，奥巴马的形象和人气都得到了大幅提升。

因此，奥巴马在提名驻英大使的时候，把安娜·温图尔的名字也列在了其中。

有一句话讲得好，你想知道自己的身价，就去看看你的社交圈吧，你的社交圈就是你的身价。于是有人说，哪怕再穷，也要站在富人堆里。

当然，这不是让你真的硬要和富人们站在一起，而是让你多和

能给你带来资源的人交往。"站在富人堆里"的意思就是，你要学会提升自身的价值。

可能从外人的角度来看，奥巴马和安娜·温图尔是八竿子打不着的关系，但奥巴马就是依靠安娜·温图尔获得了大量选举资金，而安娜·温图尔也因为不断为总统提供支持和帮助，让自己和他站在了同一个圈子里，成为和他们一样的人，甚至被提名为驻英大使。

对于普通人而言，你可能做不到安娜·温图尔那么厉害，那你怎么做才能让你和你的"贵人"站在一起呢？你可以尝试做以下3点。

1. 精进个人专业技能

如果你懂一些你的"贵人"不懂的技术或者知识，那你就有可能成为你的"贵人"的"贵人"，和他站在一起。比如你懂得海报设计，对方不懂，他需要你的帮助，你帮助了他，就获得了可以和他连接的机会。这样在你需要帮助的时候，对方也会有理由助你一把。

当然，你不能仅仅满足于只比别人多知道一点点，而是需要精益求精。就拿海报设计举例，假设你只是懂一点修图技巧，然后做出来的东西奇丑无比，你觉得下一次对方还会继续用你吗？只有当你的技术不断提高时，围绕着你的圈子才会不断跟着升级。

通过提高自己接触到更多的圈子后，你就可以从互惠互利的角度，去给资源与资源间建立关系。但是，请不要单纯以"一方给另一方帮忙"的想法去做这件事情，而需要从双方的利益角度出发，去帮助双方实现双赢或者多赢。

2. 和他人建立信任联盟

心理学家罗伯特·西奥迪尼提出一个观点，当你能和别人建立联盟关系时，你就能够影响到别人。简单来说，就是你可以通过给自己和对方打上相同的标签，然后让对方觉得你和他是自己人。

一旦你们成为自己人，很多信任和沟通的问题，就解决一大半了。反之，如果没有建立起信任关系，就会很容易产成冲突，甚至会酿成悲剧。

有两个人结伴横穿沙漠，水喝完了，其中一个人因中暑不能行动。另一个人决定自己去寻找水源，临走前，他把手枪塞到同伴的手里说："枪里有 5 颗子弹，记住，3 个小时后，每小时对空鸣一枪。听到枪声，我便会找到正确的方向，然后与你会合。"

两人分手以后，留下的人开始陷入深深的恐惧，怀疑同伴是否能找到水回来。到应该鸣第五枪的时候，他想："他可能早已听不见我的枪声了，与其被渴死，我还不如自己了结自己……"

随后，这个人用枪口对准了自己的太阳穴，扣动了扳机。

几分钟后，那提着满壶清水的同伴，领着一队骆驼商队寻声而至。只是，他们看到的是一具尸体。

有时候，由于我们对自己、他人存在着各种不信任，这使我们失去了很多机会。信任是高楼大厦的地基，没有它的话，人与人之间的关系，只要一遇到强风，就会被吹成一堆散乱的砖瓦。所以，要想拥有一座稳固的大厦，建立信任是至关重要的一环。

那么，你该如何和他人建立信任联盟呢？有 3 个你需要知道的细节。

（1）信守承诺

如果你做出某个承诺却没有履行，那没有什么比这种做法对信任更有摧毁力了。同样，也没有什么比做出承诺并信守承诺更有利于建立信任了。很多人会忽略一些微不足道的承诺，但如果你连小的承诺都无法遵守，就更别想让他人相信你会遵守大的承诺了。

（2）明确期望

不要只是因为稍有不合，就全盘否决对方，因为你们可能只是立场和角度不同，所以对事情的期待不同。你需要和对方沟通协调，以明确你与对方的期望分别是什么，如何才能取得平衡。这样才能重新开始进行有效沟通。

（3）谨言慎行

如果你有在背后议论他人的习惯，那么听你议论的人也会怀疑你在背后说他的坏话，从而无法与你建立起信任关系。因此，我们要避免在背后议论他人，要做到谨言慎行。

3. 成为自己最重要的同盟者

《生活、真相及自由》的作者史蒂夫·马拉波利说："你会一直拥有的最强大的人际关系就是你与自己的关系。"

我是一个教心理学的老师，所以在课堂上，我会让我的学员列出自己的优点。在课堂上，你会很容易感受到大部分人都是迷茫的，不知道出于什么原因，这些成年人把夸奖自己，变成了一种非常困难的事情。

可换个角度来说，如果你自己都无法表扬自己，看不见自己的优点，又怎么能指望别人来发现你的优点，并且认可你呢？

如果你觉得发展自己的事业或者人际关系是不可能的事情，那么即便机会来了，你也会错失它，因为你不去争取，也就不会注意到机会。

我在亲子绘画艺术分析的课堂上，向孩子们提问："会画画的同学，请举手。"孩子们会争先恐后地举手。但我再向成年人提问："请问谁会画画，请举手。"结果，几乎没有人举手。

孩子不会担心自己是否画得足够好，孩子只想知道，今天是用蜡笔画还是用油画棒画？可以用彩色笔吗？还是只能用铅笔？而成年人更多是在想"我画得不好"。

为什么你要对自己如此严苛？以至于必须要足够好，才算及格。

造成这样的原因有很多，但是最重要的原因是，你允许了消极的想法影响你的决策，你为了满足他人，把别人的重要性放在了自己之上。这在人际关系中，是一种"人尊我卑"的情况。然而，这会让人觉得你是一个没有主见、不独立、喜欢讨好他人和过度依赖他人的人，因此难以得到他人的喜欢和尊重。

用一句非常直白的话来说，如果连你自己都不喜欢自己，自己都无法尊重自己，他人又如何会喜欢和尊重你呢？

经常对自己说以下几句话，可以有效帮助你更好地与自己形成同盟关系，与自己和解。

（1）我挺好的。

（2）我的需求合情合理。

（3）我的存在证明了我的价值。

（4）我接受自己的行为产生的后果。

（5）应该、应当和必须都是无关紧要的。

（6）我能从错误中吸取经验教训，不自责，不惶恐。

（7）每个人都发挥出了最高的水平，我也是这样。

24 ｜读懂人心，和谁都能建立好关系

在这个外向型社会中，每个人都希望自己能够受人欢迎，能够博得别人的好感。毕竟讨人喜欢的人有机会得到更多好处。就连医院的医生都更愿意与开朗的病人保持联系，并督促他们及时到医院进行复查。

而能快速被他人喜欢，获得他人好感的方式，就是让他人对你相见恨晚。俗语说，物以类聚，人以群分。性格、志趣相近的人，总会不自觉地被吸引在一起。要想让别人对你相见恨晚，这里有4个很好用的读心术分享给你。

1. 对他人感兴趣

哲学家威廉姆斯说："人性中最强烈的欲望，便是希望得到他人的敬慕。"这句话的意思是，人人都希望得到别人的关注，如果我们只是过度关注自己，没有时间和精力去关注别人，那别人也不会关注我们。如果你想让别人非常喜欢你，那你也需要对别人表达你诚

挚的关注。这是美国前总统罗斯福受欢迎的秘密之一，因为他身边所有的人，哪怕是他的男仆，都很喜爱他。

罗斯福曾经有一个黑人男仆叫詹姆斯·亚默斯，他写了一本关于罗斯福的书。在这本书中，亚默斯写了这样一个小故事：因为他的太太从来没有见过鹑鸟，于是总统非常详细地向她描述了一番。过了一段时间，总统给男仆的太太打电话说："在你的窗口正好有一只鹑鸟，如果你现在往外看，可能看得到。"

不仅如此，总统还记住了白宫里所有人的姓名以及他们的职位和特长。在卸任后再次回到白宫拜访，他依然能叫出在厨房工作的阿塔纳的名字，并且经过园丁和一些工人身旁时，也会和他们打招呼……

越是真诚待人，对他人越是关注，越是容易赢得对方的尊重。心理学家阿尔弗雷德·阿德勒曾经说过一句话，一个不关心别人的人，对别人不感兴趣的人，他的生活必然会遭受重大的阻碍和困难，同时也会给别人带来极大的损害和困扰。

成功学大师卡耐基也说，主动对别人表达兴趣和关心，你就会交到更多的好朋友。

2. 认同对方

美国富翁德士特·耶格是世界上成功的商人之一，他说："你只需要练习向别人说你喜欢从他那里听到的事情，并在他们出色做到某件事情后去祝贺他们，告诉他们你是多么欣赏他们所做的贡献，这样就能让自己变得十分受人欢迎。"

用心挖掘，并且认同别人的成绩，会比任何流于表面的甜言蜜语都让人感觉真诚和受欢迎。

以下有几个句子，你可以经常使用。

（1）我了解你的感受

感同身受，是一种极大的认同。

（2）我非常理解你现在的心情

理解对方，能够换位思考，是一个人变得成熟的重要标志。

（3）你说得很有道理

任何人都希望听到别人的肯定，这是开启良好沟通的开始。

（4）非常感谢你的建议

人们都喜欢向自己表达感激之情的人，无人例外。

（5）我认同你的观点

这句话会让对方感觉到你是自己人。

（6）你提了一个很好的问题

任何人都喜欢被赞美或被认可，不仅仅是直接表达的认可，换种方式来表达你的认可，也会深受欢迎。

3. 满足他人的虚荣心

澳誉公司近期需要找一家广告公司合作，因为项目比较大，所以有很多家广告公司在竞争。腾飞广告也想接下这个项目，所以总经理张果就亲自上门，想看看是否可以把这个项目谈下来。

见到澳誉的广告部总监李总，张果一开口就说："李总，你们的logo设计得真的很不错，不仅看起来简洁有活力，而且还有一种充满希望的感觉。越看越觉得它很有内涵呢。"

听到张果的话，原本只是礼节性微笑的李总，笑容真诚了不少，他很自豪地说："是吗？这是公司刚成立的时候，我设计的。"接着李总还很开心地给张果介绍了自己当时设计这个logo的构思、背后的故事以及代表的含义。

毫无悬念，张果的公司最终打败了其他对手，拿下了澳誉公司的广告项目。

美国作者马克·吐温讲过："一句赞美我的话，就可以使我活上两个月。"当然，这只是夸张的说法，但他是在用这样的方式告诉我们，任何人都有需要被满足的虚荣心。如果你想打造自己的社交资源圈，要与自己的"贵人"建立深入的连接，那你就要学会不露痕迹地满足他的虚荣心，满足对方的自我成就感。

4. 发现双方的共同点

美国密歇根大学曾经做过一项研究，来参与研究的人，如果能与不认识的人交朋友，就可以免费住宿。研究结束后人们发现，这些参与者们最好的朋友就是和他们最为相似的室友。

心理学家卡尔·罗杰斯也做过相似的调查研究，发现大部分吸烟、酗酒以及吸食大麻的青少年的朋友也会有相似的行为习惯。

事实上，建立人际关系最基本的原则就是相似性，共同点会使人们相互吸引、相互喜欢。我们可以用一个词形容这样的相似性——同频。

德国文豪歌德出生于权贵之家，才华横溢。25 岁的他便写出了轰动欧洲的中篇小说《少年维特之烦恼》，并曾担任魏玛公国要职，主持大政，风光一时无两。

比歌德小 10 岁的席勒出生于一个贫困家庭。还在学校读书的席勒，为《少年维特之烦恼》深深倾倒，从此他就开始梦想着结识歌德。他给歌德写了一封热情洋溢的信，这封信击中了歌德的内心，令他感觉遇到了一个知己。从此，两人开始了友谊之路。

后来的日子里，年长成熟的歌德给了席勒启发和指导，而年轻激进的席勒给了歌德新的创作热情，于是有了著名诗剧《华伦斯坦》三部曲与经典诗剧《浮士德》的面世。

席勒早于歌德去世，因家境贫困，遗体被安置于一家教堂的地下室，而当时歌德重疾缠身，无力了解详情。20 年后，人们才发现席勒的遗骸早已混杂在其他几十具骷髅之中。年逾 70 岁的歌德凭借记忆辨认出了他的尸骨，并把他安放在自己家中。之后，80 岁高龄的歌德亲自挑选墓地，设计墓穴，为席勒主持葬礼。3 年后，歌德去世，按照他的遗愿，他被安葬在了他的好友席勒旁边。

试问，如果不是因为志趣相投，能达到同频共振，当时已经极具名气的歌德，又怎么会注意到家境贫寒而且年纪比自己小 10 岁的席勒呢？如果不是因为有着相似的理想和志趣，歌德又怎么会愿意不求回报地支持席勒的文学创作呢？就是因为有着相似的爱好和追求，才使得原本毫不相干的两人走到了一起，相互成就。

人与人之间，相似的地方其实有很多，你要善于去发现，善于去寻找，并且用这个相似的地方打开你与他人的话题，这样你才可以交到更多的朋友。

这就是同频的力量。

25 ｜ 高情商沟通，让自己更受欢迎

苦味的药丸外面裹着糖衣，会让人先尝到甜味，这样苦药丸就容易被吞下肚子。就像与人沟通，先给对方一些赞扬，然后再说规劝的话，这样别人就容易接受了。在与人交往时，高情商的沟通方式总是能让人如沐春风，也会使你更受欢迎。要做到高情商沟通，你需要知道以下 4 点。

1. 说话注意分寸

小珠和小玲同期进入公司，很快就成了工作上的好搭档，生活中的好朋友。

小珠喜欢自己在家做饭吃。有一天下班，小珠一边走一边给小玲看自己拍的美食照片，小玲赞不绝口。小珠想让小玲也养成做饭这个好习惯，于是心直口快地对小玲说："你就是太懒了，宅在家又不学着做些吃的，这样能找到男朋友才怪。"

原本小珠是出于好心，但这句话让小玲感觉非常不舒服，渐渐

地，小玲就不再和小珠有更多的来往了，两个人也越来越疏远了。

在生活中，很多人都会犯下这样的错误，以为自己什么都知道，什么都懂，甚至会觉得"我这样说，都是为了你好"，却在不知不觉中触犯了别人的雷区。

哪怕是善意的提醒或者真诚的劝诫，我们都需要学会委婉表达。每个人都希望被认可、被赞扬，不会有人希望被贬低、被否定。人际交往中，最重要的就是将心比心。人与人的交往永远是相互的，所以万事都要有个"度"，哪怕再亲近的人，说话也需要注意分寸，懂得尊重，这样才能赢得对方的好感。

2. 保持热情

中国著名作家林语堂先生曾经说过："冷漠是判断一个人是否老练和有教养的重要标准。"

越是有教养的人越不冷漠，因为他们懂得，帮助他人就是帮助自己，尊重别人也是尊重自己。给人带来温暖，更能体现出一种由内而外的人格魅力。

我有一次偶然听到两位女士聊天。

A 女士说："孩子班里安排了一次周末夏令营，老师抽签，抽中哪个家长，哪个家长就一起去做义工。好好一个周末，就这样泡汤了。"

B 女士说："带孩子去夏令营多有意思啊，我家孩子的学校要求家长安排时间看孩子自习，其他家长不愿意去，我总是主动要求去。

后来他班上的很多孩子都认识我，还会跟我打招呼，我家孩子都不知道多自豪。"

A 女士很羡慕，连连称赞。

B 女士又说："其实谁都不傻，你付出了，你对别人好，别人都会记在心里的。"

当你的乐于助人成为一种习惯，你与周围人的感情自然而然就会慢慢累积起来，并且逐渐深厚，而当你的人缘越来越好，你的路自然会越来越宽广。

就像美国脱口秀主持人拉里·金所说的："投入你的感情，表现你对生活的热情，然后，你就会得到你想要的回报。"

不要让你的生活只剩下算计与揣测，多一些热忱与微笑，抱着一颗热爱生活、善待他人的心，你就会成为自己和他人生命中的暖阳，温暖了他人，也照亮了自己。

3. 不让别人感到尴尬

黄渤是演艺圈公认的高情商男艺人。他独特的喜剧风格，一度让大家夸他"扛起了葛优的大旗"。这对黄渤而言，即是褒奖，也是暗贬，偏偏有记者在这个时候向黄渤提问，问他如何看待自己要取代葛优的这个说法。

黄渤几乎没有考虑就开口回应说："这个时代不会阻挡你自己闪耀，但你也覆盖不了任何人的光辉，因为人家曾是开天辟地的存在，是创时代的电影人。我们只是继续前行的一些晚辈，对这个不敢造次。"

如此高情商的回答，让大家都不由为他鼓掌。

黄渤曾经在一次演讲中和大家分享："真正的高情商，就是不让别人感到尴尬。"

所谓的高情商，其实就是会说话。情商高的人，不会在背后掺和别人的是非，议论别人的长短，更不会谄媚权贵，曲意逢迎。

高情商的人善于营造愉快的交谈气氛，懂得己所不欲勿施于人，懂得顾及他人的感受，也懂得换位思考。就如同"汽车大王"福特所说的："假设有什么成功秘诀的话，就是设身处地替别人着想，了解别人的态度和观点。因为这样不但能让彼此更顺畅地沟通，还能让我更清楚地了解对方的思维轨迹及其中的'要害点'，从而做到有的放矢，击中'要害'。"

4. 做好情绪管理

小林为今天的公开发言准备了很久，结果到他发言的时候，几乎所有的听众都在下面聊天、玩手机。小林有点生气，但是没有表现出来，反而很风趣地对着台下各自玩手机的听众说："我一直都很想体验一把压轴发言的感觉，今天终于体验到了，原来带点酸，也带点甜，还有一点苦。"

听到小林的话，大家都很好奇，纷纷放下了自己的手机，想知道为什么。

小林笑了笑说："酸是因为我发现，我在跟你们的手机吃醋，甜是我终于体会到了压轴的感觉，苦就是我发现自己的咖位不够，压不住，所以只能继续吃大家手机的醋。"

听了小林的话，大家哄堂大笑，纷纷放下了自己的手机，开始认真听小林发言。

哲学家弗朗西斯·培根先生曾说过："对于一个人的评价，不可视其财富身份，更不可视其学问高下，而是要看其真实的品德。"一个有教养、高层次、高情商的人，懂得善待他人、宽厚待人，即便生气，也依然会控制自己的情绪，保持对人的基本礼貌，也懂得尊重不同人的处事方式。

但在生活中，很多人总是忍不住发脾气，可能是因别人的过错而生气，也可能是因自己的无能而愤怒，又或者是对失意人生的焦虑。越是低层次、低情商的人，越是看什么都不顺眼，脾气暴躁，到处抱怨，因为他们只能靠发泄自己的坏情绪来表达自己的不满，最终成为让人生厌的人。

无论如何，好的关系需要用心经营。懂得互相尊重，关系才能经得起考验，才能让双方获益。而能控制自己情绪的人，能使彼此的关系变得更和谐、舒服和稳定，进而掌控人生，步向成功。

但愿你也能掌控自己的人生，迈向成功的未来。